粮食流通行业生产安全事故案例分析

（2012—2021）

国家粮食和物资储备局安全生产领导小组　编

Case Analysis of Production Safety Accidents in Grain Circulation Industry

(2012—2021)

中国轻工业出版社

图书在版编目（CIP）数据

粮食流通行业生产安全事故案例分析：2012—2021 / 国家粮食和物资储备局安全生产领导小组编. — 北京：中国轻工业出版社，2024.5

ISBN 978-7-5184-4905-7

Ⅰ. ①粮… Ⅱ. ①国… Ⅲ. ①粮食流通—流通业—安全生产—生产事故—事故分析—中国—2012-2021 Ⅳ. ① F724.721

中国国家版本馆CIP数据核字（2024）第055141号

责任编辑：贾 磊　　责任终审：高惠京　　设计制作：锋尚设计
策划编辑：贾 磊　　责任校对：郑佳悦 晋 洁　　责任监印：张 可

出版发行：中国轻工业出版社（北京鲁谷东街5号，邮编：100040）
印　　刷：河北鑫兆源印刷有限公司
经　　销：各地新华书店
版　　次：2024年5月第1版第1次印刷
开　　本：889×1194　1/32　印张：6.375
字　　数：100千字
书　　号：ISBN 978-7-5184-4905-7　定价：60.00元
邮购电话：010-85119873
发行电话：010-85119832　010-85119912
网　　址：http://www.chlip.com.cn
Email：club@chlip.com.cn

231112K1X101ZBW

前言

粮食安全是“国之大者”，是国家安全的重要基础。安全生产事关人民福祉，事关经济社会发展大局。在党和国家高度重视粮食安全和安全生产的大背景下，更加凸显出抓好粮食流通行业安全生产工作的重大意义。我国是产粮大国，同时也是粮食消费大国，粮食流通期间作业频繁，对安全生产工作提出了很高的要求。近年来，粮食流通行业企业高度重视安全生产工作，落实全员安全生产责任制，各级粮食行政管理部门大力强化部门监管，不断加强行业指导，全国粮食流通行业安全生产形势持续向好，事故总量和伤亡人数呈现双低态势，但粮食流通行业生产安全事故仍时有发生，需要对粮食流通行业事故案例进行系统分析，找准症结、靶向治理，下大力气进一步减少或杜绝事故发生。

习近平总书记强调，安全生产，要坚持防患于未然，要做到“一厂出事故、万厂受教育，一地有隐患、全国受警示”。为让广大粮食流通行业企业及其从业者从事故案例中汲取教训、受到警示，国家粮食和物资储备局安全生产领导小组办公室向全国粮食企业征集了2012年—2021年发生的生产安全事故案例，并对事故案例进行梳理和分析，形成了《粮食流通行业生产安全事故案例分析》。本书对征集到的86起事故案例从年份、区域、类别三个维度进行了综合分析；区分8个类别、精选23起事故典型案例，分类采用DLEC评价法进行详细分析；从人的不安全行为、物的不安全状态、环境的不安全条件、管理上的缺陷四个方面进行了事故因素分析。由于上述分析过程在一定程度上存在主观判断，仁者见仁智者见智，所以我们只是抛砖引玉，欢迎大家结合选取的典型事故案例采用多种分析方法进行深入分析。

“以案示警”只是手段，通过案例警示引起对安全生产工作的高度重视才是根本目的。进入新时代，抓好粮食流通行业安全生产工作要求更高、任务更重。各级粮食行政管理部门和粮食企业要以“时时放心不下”的责任感，按照“三个必须”原则，落实“安全生产所有成绩都要及时清零，安全生产所有工作都要从头开始”的要求，全力推进安全生产各项规章制度落地落细。所有粮食流通行业从业人员要汲取事故血的教训，让安全生产观念内化于心、外践于行，以个体安全实现企业安全，以企业安全保证粮食流通行业安全生产目标的实现。

由于编写水平有限，书中可能仍有不足之处，敬请批评指正。

国家粮食和物资储备局
安全生产领导小组办公室
2023年11月

目录

第一章

粮食流通行业生产安全事故总体情况

国家粮食和物资储备局安全生产领导小组办公室征集和梳理 2012 年—2021 年全国粮食流通行业生产安全事故案例 86 个，按照年份、区域、类别进行了汇总和分析。

为进一步指导粮食流通行业安全生产工作，为各级粮食行政管理部门和粮食企业预防事故工作提供借鉴，让广大粮食流通行业企业从业者从事故案例中汲取教训、受到警示，国家粮食和物资储备局安全生产领导小组办公室征集和梳理了2012年—2021年全国粮食流通行业生产安全事故案例，情况如下。

一、生产安全事故案例征集情况

（一）征集对象

征集对象包括31个省级行政区域和新疆生产建设兵团从事粮食储存和加工的粮食流通行业企业，中国储备粮管理集团有限公司、中粮集团有限公司系统企业。

（二）征集方法

本次征集由省级粮食行政管理部门或央企总部统筹，对各市县区或各分公司征集案例，结合登记在册的案例，加以补充和完善，让征集的案例更具有代表性、普遍性和警示性。

（三）案例类别

结合安全事故的起因物、致害物、诱导性因素、伤害方式等，选取粮堆埋人、仓房坍塌、机械伤害、车辆伤害、中毒窒息、高处坠落、触电、火灾、自然灾害、爆炸共10个事故类别。

（四）案例内容

案例内容包括事故的发生时间、涉事企业、伤亡情况、事故经过、事故原因（直接原因和间接原因）和事故性质、违反规定、事故原因关键词、事故定性、责任处理。

（五）征集结果

本次共征集粮食流通行业生产安全事故86起。区分作业类别、作业环境、事故发生的原因、事故救援等因素，最终选出23起事故作为典型案例。

二、征集案例总体情况分析

征集的86起粮食流通行业安全生产事故中，有8起事故造成经济损失，未发生人员伤亡；另外78起事故共导致人员伤亡151人，其中死亡116人、受伤35人。汇总整理征集到的事故案例，按照事故年份、事故区域和事故类别分析，归纳总结事故发生趋势和频发原因。

（一）按事故年份分析

表1-1　2012年—2021年生产安全事故情况（按事故年份分）

年份	事故数量/起	致亡人数
2012	13	17
2013	8	10
2014	15	18
2015	5	7
2016	14	23
2017	9	15
2018	5	3
2019	5	7
2020	6	7
2021	6	9
合计	86	116

从表1-1可以看出，粮食流通行业生产安全事故发生较多的年份是2012年（13起事故，致亡17人）、2014年（15起事故，致亡18人）、2016年（14起事故，致亡23人），分别占总事故数量和致亡人数的比例：2012年为16.2%、14.7%，2014年为7.4%、15.5%，2016年为16.3%、19.8%。十年中安全事故发生次数呈明显下降趋势，其中后五年（2017年—2021年）比前五年（2012年—2016年）事故数量下降43.6%。

党的十八大以来，党中央国务院高度重视安全生产工作，把安全生产作为头等大事来抓，经过数年的稳步推进，形成以11部有关专项法律、3部司法解释、20余部国家行政法规、30余部地方性法规为主要支撑的安全生产法律法规标准制度体系。尤其是在2016年，《中共中央　国务院关于推进安全生产领域改革发展的意见》作为新中国成立以来第一个以党中央、国务院名义印发的安全生产工作纲领性文件发布后，各级粮食行政管理部门和粮食企业深入贯彻落实，安全管理能力不断增强，生产安全事故总体呈下降态势。

（二）按事故区域分析

表1-2　2012年—2021年安全事故情况

（按事故区域分）

事故区域	事故数量情况		致亡情况	
	事故数量/起	占比/%	致亡人数	占比/%
主产区	63	73	87	75
主销区	9	11	12	10
产销平衡区	14	16	17	15
合计	86	100	116	100

从表1-2可以看出2012年—2021年主产区、主销区、产销平衡区的事故发生情况，其中发生事故较多的是主产区。十年间主产区发生事故63起，约占事故总数的73%；死亡87人，占事故致亡总人数的75%。

粮食主产区的粮食收购量大、周期长，现场作业频繁，仓房类型有立筒仓、平房仓、浅圆仓、罩棚仓、钢结构散装房式简易仓、露天垛等，管理水平参差不齐，生产安全事故发生风险较大。

（三）按事故类别分析

表1-3　2012年—2021年安全事故情况

（按事故类别分）

事故类别	事故数量/起	致亡人数
粮堆埋人事故	46	68
仓房坍塌事故	5	10
机械伤害事故	6	6
车辆伤害事故	6	6
中毒窒息事故	4	8
高处坠落事故	8	9
触电事故	5	9
火灾事故	4	0
自然灾害事故	1	0
爆炸事故	1	0
合计	86	116

从表1-3可以看出，2012年—2021年发生的事故中，粮堆埋人事故数量和致亡人数最多，十年间共发

生粮堆埋人事故46起，约占事故总数的53%；导致68人死亡，约占事故致亡总数的59%，需要重点分析和预防。

第二章

全国粮食流通行业生产安全典型事故案例

2012 年—2021 年，共征集粮食流通行业生产安全事故案例 86 起。我们从粮堆埋人、仓房坍塌、机械伤害、车辆伤害、中毒窒息、高处坠落、触电、火灾八个事故类型中，选出 23 起典型事故案例加以分析（自然灾害和爆炸事故，由于事故数量和致亡人数占比较小，未做典型案例分析）。

一、粮堆埋人事故

粮堆埋人事故是指人员陷落、滑落、坠落以及因储粮设施崩塌、崩裂而被倾泻的粮食掩埋，导致人员伤亡和财产损失的事故。

本次共征集2012年—2021年粮食流通行业粮堆埋人事故46起，从作业环境、作业环节、作业人员、事故发生的原因（直接、间接）、应急救援等方面，选出了8起典型事故案例进行分析。

案例1

发生时间：2017年12月29日。

涉事企业：某粮食储备库、某粮油经贸有限公司。

伤亡情况：6人死亡、1人受伤。

事故经过：2017年12月29日，某粮食储备库租用某粮油经贸有限公司仓库开展粮食平仓作业，安排12名工人安装挡粮板顶部盖板并加固，2名工人由高到低转移粮食。作业过程中挡粮板突然断裂，粮食瞬间外溢，导致仓内粮堆垮塌，现场14名工人全部被粮食掩埋，造成6人死亡、1人受伤。

事故原因

1. 直接原因

（1）挡粮板固定装置设计、安装不合理，质量较差，螺栓与角钢的焊点开裂未被及时发现。

（2）现场作业人员未采取安全防护措施。

2. 间接原因

（1）作业前安全检查制度未落实，安全生产主体责任缺失。

（2）安全教育和培训落实不到位，作业人员安全意识淡薄。

（3）企业上级单位和主管部门未落实安全生产监管责任。

违反规定

1.《粮库安全生产守则》（国粮储〔2016〕234号）

（1）安全检查　粮仓装粮前或日常检查，应检查钢板仓防锈漆是否剥落，检查螺栓、垫片等是否松动。

如有异常，须进行有效处置。

（2）租仓储粮　仓储设施设备和附属设施设备应符合国家安全标准。承租企业应保障和落实租仓储粮必需的安全生产设施及其经费，因未能保障和落实而造成生产安全事故的，承租企业负责人及其安全生产部门负责人应承担相应责任。承租企业上级单位和主管部门对租仓储粮点应进行安全生产监督检查，发现存在安全生产问题和隐患的，应立即责成承租企业采取有效措施，确保安全生产。

（3）外包　外包作业前，粮库（油库）应组织对外包作业人员的安全交底，督促和配合外包作业单位对外包作业人员进行作业前培训，并做好培训记录和考核，外包作业人员应在安全交底或安全生产作业承诺书上签字。

2.《粮食仓库安全操作规程》（LS 1206—2005）

作业人员未配备使用安全带等安全防护设备。

事故原因关键词：挡粮板设计安装不合理、未及时发现隐患、未采取任何防护措施、安全培训和教育不到位。

事故定性：较大生产安全责任事故。

责任处理

黄某，某粮食储备库驻某粮油经贸有限公司租赁仓库负责人，负有主要管理责任，被法院判处有期徒刑3年，缓刑4年；给予留用察看2年的政务处分。

张某某，某粮食储备库综合部兼职安全员，对安全生产管理制度和操作规程落实监督检查不到位，给予降级处分。

李某某，某粮食储备库合规办负责人，未对相关企业安全生产条件和资质进行认真审查，给予降级处分。

段某某，某粮食储备库综合部部长，未制定粮食平仓作业安全制度，未逐级落实安全生产责任制，给予撤职处分、取消其预备党员资格。

任某，某粮食储备库业务部经理，未对相关企业的土地使用证、房屋所有权证等有关资质材料真实性进行审核确认，给予撤职处分。

郭某某，某粮食储备库党支部书记，分管安全生产工作，隐患排查治理不到位，未有效履行安全生产管理职责，给予撤销党内职务、撤职处分。

赵某，某粮食储备库主要负责人，未组织建立健全安全生产责任制，未有效履行安全生产管理职责，给予党内严重警告、撤职处分，并处上年年收入40%的罚款。

王某某，某粮食储备库法人代表，某企业华北公司总经理助理，分管仓储和安全生产工作，未有效履行安全管理职责，给予党内严重警告、降级处分。

沈某，某企业华北公司仓储部副经理（主持工作），督促落实安全生产主体责任不到位，履行安全生产管理职责不力，给予降级处分。

乔某，中共党员，某企业华北公司党委书记、总经理、安全生产委员会主任，作为华北公司安全生产第一责任人，履行安全生产管理职责不力，给予党内警告处分。

案例2

发生时间：2021年3月10日。

涉事企业：某粮食储备库。

伤亡情况：3人死亡。

事故经过：2021年3月10日，粮库实际经营人常某、管理人员刘某与临时雇用人员乌某于上午8时左右进行玉米烘干作业，上午烘干烘前仓Ⅱ内玉米10吨左右。临近中午，由于选粮振动筛出现故障，停止烘干塔作业。

下午3时左右，3人通过移动式输送机，上到玉米烘前仓Ⅱ顶部形成的玉米冻结层上，在未系安全带的情况下检修选粮振动筛。由于上午烘前仓Ⅱ输出玉米10吨左右，内部形成15立方米左右空洞（玉米湿粮容重700千克/立方米），且3人身体重量超出烘前仓Ⅱ顶部玉米冻结层承受重量极限，导致结冻玉米发生坍塌，3人坠入空洞中，随即被玉米掩埋窒息死亡。

事故原因

1. 直接原因

（1）事故单位在露天烘前仓内储存大量玉米原粮，由于气温低致露天烘前仓Ⅱ顶部玉米结拱。

（2）从业人员检修时违章冒险作业，在未采取任何安全保护措施的情况下，上到露天烘前仓Ⅱ顶层检查故障设备，3人身体重量超出玉米冻结层承受重量极限，发生坍塌。

2. 间接原因

（1）用人单位安全意识不强，在未建立安全生产管理制度、未落实岗位责任制、未对作业人员进行教育培训和安全交底的情况下，违章作业。

（2）将粮库出租给不具备安全生产条件的个人经营，且在出租后未签订安全生产协议，未履行安全生产责任。

（3）粮库属地粮食行政管理部门，在证照发放、行业管理上未能认真履行本部门安全生产管理责任，产生安全生产管理漏洞，形成监管盲区。

违反规定

《粮库安全生产守则》（国粮储〔2016〕234号）

（1）粮食烘干　粮食入烘前仓前应进行清理，烘前仓入粮应与烘干作业同步，随进随烘。禁止烘前仓进完粮后再烘干，以防烘前仓结拱；烘干作业期间，严禁人员进入烘前仓和烘后仓。

（2）设备检修　必须严格执行设备检修分级审批制度，严禁擅自开展设备检修。

（3）高处作业　必须严格执行高处作业分级审批制度，严禁擅自开展高处作业。

作业人员应佩戴安全帽和安全绳作业，应穿软底防滑劳保鞋，严禁穿硬底、带钉、易滑的鞋。

高处作业使用的扶梯、升降平台和临时架设的作业平台应符合安全要求，严禁把设备当扶梯进行高处作业；应在高处作业区域设置隔离警示标识，严禁人员穿行。

作业时，安全绳应系牢在系留装置或固定的设施上。

事故原因关键词：烘干塔烘前仓使用不当、在不稳定粮堆上作业、未经审批擅自作业、作业现场安全监管不到位、作业前未开展安全培训、未采取安全措施作业。

事故定性：较大生产安全责任事故。

责任处理

席某，某粮食储备库原法人代表；李某，现法人代表。两人负有主要管理责任，进行立案处理，并下达行政处罚决定书，对席某、李某处以罚款1.5万元的行政处罚。

常某，某粮食储备库实际投资人，负有主要管理责任，犯重大责任事故罪，判处有期徒刑3年、缓刑5年，在缓刑考验期内禁止从事与安全生产相关联的活动。

苑某，属地发展和改革委员会粮食和物资储备股原股长，分管安全生产工作不力、履职尽责不到位，给予诫勉谈话。

属地应急管理局按照有关规定，对某粮食储备库给予罚款80万元的行政处罚。

案例3

发生时间：2015年5月12日。

涉事企业：某面粉有限公司。

伤亡情况：2人死亡、1人受伤。

事故经过：2015年5月12日7时30分，某面粉有限公司科长李某安排保管员樊某带领3名临时工蒲某、陈某、于某，到5号浅圆仓处置结拱（正在出库作业），樊某用手电照明，蒲某、陈某、于某处置结拱，在处置2号出粮口结拱时发生粮食塌陷，将3名临时工掩埋，蒲某被埋至膝盖处，另外2人均全部掩埋。樊某立即通知仓外设备操作员李某关停机器展开救援，先将蒲某从粮堆拉出，由于另外2人被掩埋太深，无法救出，随后拨打110和119报警求助，直至19时30分，陈某、于某从粮堆中救出，经确认已无生命体征。

事故原因

1. 直接原因

（1）处置结拱作业时，出粮口闸门未关闭，造成粮面流动。

（2）作业人员违反规定站立粮面处置结拱。

（3）高处作业未采取佩戴安全绳等防护措施。

2. 间接原因

（1）未对作业人员进行安全教育和培训，作业人员安全意识淡薄。

（2）作业前未制定清理结拱作业应急预案，未组织应急演练。

（3）作业现场负责人违章组织作业。

（4）公司负责人履行主体责任不够，导致违章作业未被及时发现。

违反规定

《粮库安全生产守则》（国粮储［2016］234号）

（1）粮食结拱（挂壁）处置　必须严格执行粮食结拱（挂壁）处置作业分级审批制度，严禁擅自进行处置作业。作业人员应在粮面每下降1米左右时，先关闭出仓闸门，后进入仓内检修平台观察粮面，如发现明显挂壁或结块露出粮面，在保证安全前提下，入仓清理露出粮面的结块或壁挂，防止结块粮形成高耸柱状，或挂在仓壁高处，甚至形成大规模结拱。作业人员及作业工具全部出仓后，再开启闸门出粮。严禁作业人员站立粮面进行处置。

（2）高处作业　作业时，安全绳应系牢在系留装置或固定的设施上，严禁作业人员向下抛扔物体；作业后，应清理工器具和物品，严禁留存高处。

事故原因关键词：未关闭出粮口作业、违规站立粮面、未配备安全防护措施、缺乏安全意识。

事故定性：一般生产安全责任事故。

责任处理

丁某，某面粉有限公司总经理，未有效履行安全生产主要管理职责，处以上年年收入30%的罚款。

廖某，某面粉有限公司副总经理，公司安全生产直接责任人，未有效履行安全生产分管职责，处以人民币5000元的罚款。

李某某，某面粉有限公司科长，负有日常管理责任，处以人民币6000元的罚款。

樊某某，某面粉有限公司仓储保管员，负有直接管理责任，处以人民币6000元的罚款。

某面粉有限公司对事故发生负有直接责任，按照《中华人民共和国安全生产法》，给予罚款40万元的行政处罚。

责成粮食行政管理部门和开发区管委会作出书面检查，对主要负责人、分管负责人进行警示约谈。

案例4

发生时间： 2016年1月21日。

涉事企业： 某粮库。

伤亡情况： 2人死亡。

事故经过： 2016年1月21日，某粮库一罩棚仓在玉米入库过程中，发现一根挡粮柱发生倾斜，决定将已入库玉米移出，以便全面排查其他挡粮柱焊接点。2016年1月21日7时30分，副主任曹某为加快出库速度，决定在挡粮网离地1米处打开一个出粮口，接入输送设备出粮，随着粮面下沉，苇帘坠落堵塞出粮口，4名作业人员在粮面上开展清理作业。15时30分，刘某在开展清理作业时陷入粮流内，旁边朱某立即营救也被陷入，其他人施救未果迅速撤离粮堆。粮库立即启动应急救援预案，10分钟后，2名作业人员被救出，经抢救无效死亡。

事故原因

1. 直接原因

（1）粮食出仓作业过程中，违反规定在粮面作业。

（2）在挡粮网上开口出粮，违反罩棚仓粮堆拆除操作规程。

（3）粮面作业未采取任何安全防护措施。

（4）粮堆埋人后盲目施救，造成伤亡人员增多。

2. 间接原因

（1）作业前未开展安全教育和培训，安全意识淡薄。

（2）出粮现场无安全监护人员现场指挥巡查，无安全提示。

（3）属地粮食行政管理部门未有效履行监管责任。

违反规定

《粮库安全生产守则》（国粮储［2016］234号）

（1）出粮口排堵　出仓过程中，出粮口堵塞或出粮不畅时，应执行出粮口排堵作业应急预案，严禁擅自入仓排堵。

（2）罩棚　拆粮堆时，应先从粮堆顶部拆挡粮墙，严禁人员进入粮面。

（3）高处作业　必须严格执行高处作业分级审批制度，严禁擅自开展高处作业。作业人员应佩戴安全帽和安全绳作业，应穿软底防滑劳保鞋，严禁穿硬底、带钉、易滑的鞋。作业时，安全绳应系牢在系留装置或固定的设施上。

事故原因关键词：未开展安全培训、违规粮面作业、违规开口出粮、无安全生产巡查、未采取安全防护措施、盲目实施救援。

事故定性：一般生产安全责任事故。

责任处理

张某，粮库法人，负有主要领导责任，给予撤职处分并罚款1万元。

曹某，粮库副主任，负有领导责任，给予撤职处分，解除聘用关系。

李某，粮库副主任，负有领导责任，给予撤职处分。

王某，粮库保管组负责人，负有直接责任，给予撤职处分。

郭某，属地粮食局安全保卫股股长，负有监管责任，给予免职处分。

王某，属地粮食局副局长，负有领导责任，给予党内严重警告处分。

于某，属地粮食局主要领导，负有领导责任，给予党内警告处分。

该粮库，被给予罚款20万元的行政处罚。

案例5

发生时间： 2014年8月17日。

涉事企业： 某米业有限公司、某劳务有限公司。

伤亡情况： 1人死亡。

事故经过： 2014年8月17日7时40分，某劳务有限公司接到某米业有限公司通知，对101号筒仓进行清仓作业。某劳务有限公司李某某申请办理作业许可和其他安全作业手续，进行安全交底。某米业有限公司副主任邹某通过筒仓底部玻璃观察，感觉仓内余粮和挂壁粮与以往差异不大。9时30分至10时50分，李某某从下方出料口（距离地面4.05米、距离皮带输送机闸门1米）进入仓内，展开清仓作业。13时左右，李某某在午餐休息之后，佩戴安全设备进入101号筒仓继续作业，皮带输送机在作业期间处于开启状态。14时07分，出料口粮食流量变大，外部人员关闭皮带输送机后，李某某继续开展作业。14时31分，外部人员呼叫李某某无回应，拉动安全绳无动静。此时出料口粮食流量进一步变大，外部人员判定发生了事故，并组织开展救援。15时20分，李某某被救出，送至医院抢救。16时，李某某经抢救无效死亡。

事故原因

1. 直接原因

（1）在作业过程中，作业人员擅自解开安全带，违章作业。

（2）仓内挂壁粮过多，平时某米业有限公司清仓作业清理出的余粮一般在5吨以内，此次清理出的余粮总量45～50吨，发生粮食仓房坍塌事故风险较大。

2. 间接原因

（1）筒仓设计缺陷　一是通过玻璃视镜难以看清仓内余粮情况；二是筒仓内未设计照明设施；三是锥斗人

孔按设计用于人员进仓作业，但却未设置固定爬梯和作业平台；四是未设计可供安全绳竖直悬挂的系留装置。

（2）作业前未有效确认挂壁粮数量。

（3）监护不当　一是监护方式不合理，监护人员看不到作业人员，也未配备通信设备；二是清仓人员进仓后，仓顶监护人员未对其安全带系挂情况进行确认；三是发现异常情况未及时终止作业。

（4）应急处置能力弱　一是应急预案不完善；二是应急救援物资不齐全；三是应急演练不落实；四是应急救援忙乱无序。

违反规定

《粮库安全生产守则》（国粮储〔2016〕234号）

（1）粮食结拱（挂壁）处置　必须严格执行粮食结拱（挂壁）处置作业分级审批制度，严禁擅自进行处置作业。对于粮食有结块现象的立筒仓或浅圆仓，严禁一出到底。作业人员应在粮面每下降1米左右时，先关闭出仓闸门，后进入仓内检修平台观察粮面，如发现明显挂壁或结块露出粮面，在保证安全前提下，入仓清理露出粮面的结块或壁挂，防止结块粮形成高耸柱状，或挂在仓壁高处，甚至形成大规模结拱。立筒仓挂壁时，作业人员必须通过仓顶吊篮入仓利用长杆等措施处置；严禁作业人员位于挂壁下方作业，以防挂壁坍塌砸伤或掩埋作业人员。

（2）有限空间作业　必须执行有限空间作业分级审批制度，严禁擅自开展有限空间作业。作业现场应明确作业负责人、监护人员和作业人员，不得在没有监护人的情况下作业，应设置安全警示标识。人员必须配备个人防中毒窒息等防护装备，严禁无防护监护措施作业。进入有限空间前，监护人应与作业人员一起检查安全措施，记录进入人员人数、姓名和工器具，统一联系方式。作业过程中监护人员不得脱岗。

事故原因关键词：站在挂壁下方作业、未对作业环境进行风险辨识、未落实防护措施、安全监护不到位、筒仓设计存在缺陷。

事故定性：一般生产安全责任事故。

责任处理

邹某，某米业有限公司储运部仓储部副主任，负有直接责任，给予撤职处分和经济处罚。

吴某，某米业有限公司质量安全部品控主任，负有管理责任，给予经济处罚。

温某，某米业有限公司储运部经理，负有管理责任，给予警告处分和经济处罚。

王某，某米业有限公司分管储运部、质量安全部的副总经理，负有管理责任，给予警告处分和经济处罚。

某劳务有限公司，未按照协议约定加强安全管理工作，未编制安全作业措施，也未对操作中的安全进行检查，对事故发生承担管理责任，某米业有限公司与其解除合同。

某米业有限公司，未及时消除作业现场存在的安全隐患，应急工作薄弱，对事故发生承担管理责任，在年度业绩考核时给予相应处理，并在内部进行通报批评。

案例6

发生时间：2019年2月25日。

涉事企业：某科技有限公司，某劳务公司。

伤亡情况：1人死亡。

事故经过：2019年2月25日，某科技有限公司5号仓组织大豆出库作业，16时左右，5号仓1号放料口开始出库作业，某劳务公司外包作业人员曹某等在疏通1号放料口时，引发大豆结块坍塌，曹某随之下沉被掩埋，后经抢救无效死亡。

事故原因

1. 直接原因

曹某在粮堆出库流动不稳定状态下，擅自开展出粮口排堵作业，引发粮堆坍塌被掩埋。

2. 间接原因

（1）出库作业前未制定出粮口排堵应急预案。

（2）作业现场负责人和监护人员未履行监护职责。

（3）作业前未开展安全教育培训和交底。

违反规定

《粮库安全生产守则》（国粮储〔2016〕234号）

（1）出粮口排堵　出仓过程中，出粮口堵塞或出粮不畅时，应执行出粮口排堵作业应急预案，严禁擅自入仓排堵。

出粮口排堵应优先采用仓外作业排堵方式，作业人员开大闸门，利用长杆通过出料闸门、扦样孔、排堵孔等扰动粮堆，实施排堵。对于有多个出粮口的粮仓，应先从未堵塞出粮口出粮，但应严防不对称出粮。

（2）外包作业　必须严格执行外包作业人员审批制度，严禁外包作业人员擅自作业。

外包作业前，粮库应组织对外包作业人员的安全交底，督促和配合外包作业单位对外包作业人员进行作业前培训，并做好培训记录和考核，外包作业人员应在安全交底或安全生产作业承诺书上签字。

粮库应对外包作业单位及其人员进行作业前检查，检查外包作业人员是否掌握安全生产要求，安全技术措施是否可行，安全资源配置是否合理等。检查合格后，允许外包作业。

事故原因关键词： 违规开展排堵作业、安全监护不到位、未设置安全警示标识、未开展安全教育培训。

事故定性： 一般生产安全责任事故。

责任处理

陆某，某科技有限公司主要负责人、副总经理、主管安全生产工作，对此次事故的发生负有领导责任，给予罚款上年年收入30%的行政处罚。

田某，某劳务公司负责人、总经理，对事故的发生负有领导责任，给予罚款上年年收入30%的行政处罚。

刘某，某科技有限公司安全部经理，根据企业制度给予处分。

孙某，某劳务公司副经理兼作业现场监护人员，对事故发生负有责任，某劳务公司根据企业制度给予处分。

某科技有限公司，企业安全生产主体责任落实不到位，对该起事故承担主体责任，依法给予行政处罚。

某劳务公司，对该起事故承担直接责任，依法给予行政处罚。

案例7

发生时间： 2020年10月26日。

涉事企业： 某米业有限公司。

伤亡情况： 1人死亡。

事故经过： 2020年10月26日16时41分，某米业有限公司叉车工曹某，在厂内E区堆放4号吨袋后，倒车下降货叉过程中，划破了位于4号吨袋下方的3号吨袋并开始漏米。叉车工陈某发现后告知曹某，曹某寻找编织袋进行堵漏。16时52分，4号吨袋失稳坍塌，砸到俯身正准备堵漏的曹某。17时11分，陈某发现曹某被压倒，立即停车喊人救援。2分钟后，曹某被救出，已无生命体征。18时20分，120救护车将曹某送至医院，抢救无效死亡。

事故原因

1. 直接原因

（1）货叉划破吨袋，造成吨袋破损漏米，导致上层吨袋坍塌。

（2）曹某冒险在原料米倒塌范围内进行堵漏作业。

（3）曹某停车不合理，将叉车停放在漏米吨袋旁边，导致吨袋坍塌时无处躲避。

2. 间接原因

（1）安全教育和培训不到位，作业人员安全意识淡薄。

（2）风险管控和隐患排查治理不到位，占用作业通道，未被及时发现和纠正。

（3）安全监护不到位，未对作业人员进行有效安全监护，未及时发现和纠正危险作业行为。

违反规定

《粮库安全生产守则》(国粮储〔2016〕234号)

(1)粮库管理人员　参与拟订粮库安全生产规章制度、操作规程和应急救援预案;落实粮库安全生产教育和培训、应急救援演练等工作,如实记录安全生产教育和培训情况;督促落实粮库重大危险源的安全管理措施;检查粮库安全生产状况,发现并及时排查事故隐患,提出改进安全生产管理的建议;制止和纠正违章指挥、强令冒险作业、违反操作规程的行为;督促落实粮库安全生产整改措施。

(2)粮库作业人员　严格遵守粮库各项安全生产规章制度,严格按照有关操作规程作业,自觉接受监督、服从管理,正确佩戴和使用劳动防护用品;接受安全生产教育和培训,掌握本职岗位所需的安全生产知识,不断提高安全生产技能,增强事故预防和应急处理能力;发现事故隐患或者其他不安全因素,应当立即向现场安全生产管理人员和粮库负责人报告。发现直接危及人身安全的紧急情况时,停止作业或在采取可能的应急措施后撤离作业场所。

事故原因关键词:作业安全环境考虑不够、企业制度不健全、擅自堵漏、巡查不及时不彻底。

事故定性：一般生产安全责任事故。

责任处理

任某某，某米业有限公司上级公司总经理助理兼大米管理部总经理，大米管理部安全生产第一责任人，对本次事故负有重要领导责任，给予警告处分，扣减当年绩效10分。

任某某，某米业有限公司上级公司大米管理部总经理助理兼质量与安全部总监，对安全生产工作监管不力，给予记过处分，并扣减当年绩效10分。

刘某某，某米业有限公司总经理，本单位安全生产第一责任人，对本次事故负有主要领导责任，给予降级处分，由总经理降为副总经理，并在年度业绩考核中扣减绩效30分。

焦某，某米业有限公司总经理助理，分管储运部和采购部工作，对本次事故负有管理责任，给予降级处分，由公司总经理助理降为部门经理，按绩效考核扣减当年绩效30分。

谢某某，某米业有限公司储运部经理，负责储运部全面管理工作，对本次事故负有主要管理责任，给予撤职处分，按绩效考核扣减当年绩效20分。

张某某，某米业有限公司生产技术部经理，承担管理责任，给予5000元罚款。

单某，某米业有限公司安全环保部经理，负责安全环保工作，对本次事故负有主要监管责任，给予警告处分，按绩效考核扣减当年绩效20分。

韩某某，某米业有限公司储运部副主管，负责储运部仓库管理、叉车班组日常工作、装卸作业管理工作，对作业现场监管不到位，给予降级处分，按绩效考核扣减当年绩效15分。

陈某某，某米业有限公司储运部叉车司机，在发现吨袋坍塌后，未能进一步确认当事人曹某的动向，也未能将吨袋坍塌的情况进行上报，鉴于其后续发现曹某后，能够迅速开展现场救援并立即上报，给予厂内通报批评。

曹某，事故直接责任人，鉴于其在事故中身亡，免于处罚，不再追究责任。

案例8

发生时间：2021年12月6日。

涉事企业：某粮食收储有限公司分公司。

伤亡情况：死亡1人。

事故经过：2021年12月6日，临时工李某、王某、李化某收到某粮食收储有限公司分公司经理刘某的小麦出库作业通知，在签订安全协议后，刘某讲解了注意事项。下午3时左右开始作业，李某、王某、李化某打开出粮口后，李某和王某使用梯子由侧门进入仓内，从上至下拆除第二块挡粮板时，李某就随同粮食下陷，王某在上方呼救，下方的李化某关掉皮带机后展开救援无果。该公司人员知晓后，及时关闭出粮口往外扒麦，同时公司赵某安排人员拨打110、119电话，消防救援人员到达现场使用铲车铲麦，下午6时左右李某被救出，确认死亡。

事故原因

1. 直接原因

（1）入仓拆除挡粮板时，作业人员未采取正确佩戴安全绳等防护措施。

（2）拆除挡粮板前，未关闭出粮口。

（3）发生粮堆埋人应急救援时，仍未第一时间关闭出粮口。

2. 间接原因

（1）某粮食收储有限公司分公司未认真落实安全生产主体责任，未制定生产安全事故应急救援预案，应急演练没有针对性。

（2）未为作业人员提供劳动防护用品并督促正确佩戴。

（3）出仓作业现场无监护人员，未尽到作业现场看护监管责任。

违反规定

《粮库安全生产守则》（国粮储〔2016〕234号）

平房仓挡粮板拆卸　仓储部门应研究和制定平房仓挡粮板拆卸方案，严禁作业人员擅自入仓拆卸挡粮板。

拆卸挡粮板时，应优先采用仓外作业方式。作业人员应不少于2人，且应将安全带有效系在系留装置上，通过移动升降机或扶梯拆卸挡粮板。

出仓作业时，作业人员应先关闭挡粮板上出粮口闸门，在粮面稳定的前提下，逐一拆除粮堆以上的挡粮板，严禁拆除粮堆以下的挡粮板。作业人员出仓并带出全部工器具后，方可开启闸门继续出粮。

作业过程中，如发现粮面流动，作业人员应立即停止作业并迅速撤离至安全地点。

粮食出仓作业过程中，如出现粮堆埋人，作业人员应立即关闭出粮闸门并报告现场负责人，现场负责人立即组织紧急救援。

事故原因关键词：安全意识淡薄、未佩戴安全绳、未关闭出粮口、救援方法不当。

事故定性：一般生产安全责任事故。

责任处理

刘某，某粮食收储有限公司分公司经理，未认真履行出仓作业现场监管职责，给予党内严重警告处分。

贾某某，某粮食收储有限公司分公司副经理，负责安全生产工作，给予政务记过处分。

赵某某，某粮食收储有限公司分公司收储公司经理，负责收储公司全面工作。未组织建立完善的安全生产制度规范和方案预案体系，对作业现场疏于检查，给予党内警告处分。

胡某某，属地商务粮食局业务股长，对安全生产工作监督检查不深入、不细致，责令作出书面检查。

朱某，属地商务粮食局分管领导，负有领导责任，责令作出书面检查。

属地商务粮食局作为某粮食收储有限公司的业务主管部门，行业监管职责落实不到位，责令作出书面检查。

属地党委、政府，负有属地监管不到位责任，责令作出书面检查。

某粮食收储有限公司，对本次事故发生负有管理责任，依据《中华人民共和国安全生产法》予以行政处罚。

案例启示和防范措施

在征集的所有案例中，粮堆埋人事故无论是发生频次，还是事故致死率均远远高于其他类型事故，主要是教育和培训不到位、不佩戴安全防护设备、违章作业、无人监护、储粮设施设计缺陷等原因所致。

（一）DLEC评价法

DLEC评价法（由美国安全专家K.J.格雷厄姆和K.F.金尼提出）是对具有潜在危险性作业环境中的危险源进行半定量的安全评价的办法，用于评价操作人员在具有潜在危险性环境中作业时的危险性、危害性（后文中每类事故均采用此方法进行分析，不再复述）。

1. 原理

DLEC评价法的原理是用与系统风险率有关的三种因素指标之积来评价系统人员伤亡风险大小。

2. 公式和含义

$$D=L\times E\times C$$

式中　L——发生事故的可能性大小

E——人体暴露在这种危险环境中的频繁程度

C——一旦发生事故会造成的损失后果

D——危险程度

3. DLEC评价法分析取值表

DLEC评价法分析取值表如表2-1所示。

4. 危险程度（$\boldsymbol{D}$）分级

按照前述分值分布和计算公式，得出危险程度（D）的数值及其对应的危险程度等级如下：

$D>320$：极其危险，不能继续作业（一级）；

$160<D\leqslant 320$：高度危险，要立即整改（二级）；

$70<D\leqslant 160$：显著危险，需要整改（三级）；

$20<D\leqslant 70$：一般危险，需要注意（四级）；

$D<20$：稍有危险，可以接受（五级）。

（二）危险源的危险程度判定

粮堆埋人8起典型事故案例中，各项作业均存在多个危险源，现按照DLEC评价法对危险程度进行判定，并提出整改和防范措施。

表2-1　DLEC评价法分析取值表

发生事故的可能性大小（L）	分值	人体暴露在这种危险环境的频繁程度（E）	分值	一旦发生事故会造成的损失后果（C）	分值
完全可以预料	10	连续暴露	10	10人以上死亡	100
相当可能	6	每天工作时间暴露	6	3～9人死亡	40
可能但不经常	3	每周一次暴露	3	1～2人死亡	15
可能性小 完全意外	1	每月一次暴露	2	严重 重伤	7
很不可能 可以设想	0.5	每年几次暴露	1	重大 致残	3
极不可能	0.2	非常罕见暴露	0.5	引人注意 需要救护	1
实际不可能	0.1	—	0	—	0

在危险源评价过程中L、E、C取值上可能会存在主观判断，但不影响危险源的总体分级、排序，另外以导致事故的主要原因进行评价，诸如岗前安全培训不到位等类似原因不作评价，具体见表2-2。

依据《粮库安全生产守则》（国粮储〔2016〕234号）等有关规定，结合对典型事故案例的分析，预防粮堆埋人事故，有以下几点建议。

（1）组织作业前安全教育和培训，强化安全意识、防止违章作业。建立作业前强制性安全教育制度，针对作业类型、作业环境、作业风险，学习《粮食仓储企业安全生产作业指南》相应内容，保证作业人员具备必要的安全生产知识，熟悉安全操作规程，了解事故危害及应急处理措施；观看《粮食流通行业生产安全事故案例警示教育片》，以案示警，教育作业人员克服麻痹侥幸心理，从主观上愿意遵守操作规程，自觉杜绝违章作业。

（2）组织作业前安全检查和风险辨识，消除作业隐患、防范安全风险。作业现场负责人要加强作业环境、设施设备的安全检查，出粮口排堵、拆卸挡粮板、清理结拱（挂壁）作业前要进行安全风险辨识，消除安全隐患，防范安全风险；粮仓第一次装粮前，按设计要求进

表2-2 粮堆埋人事故危险源危险等级评价表

案例编号	危险源	可能发生事故	危险评估				危险等级	防范措施
			L	E	C	D		
1	挡粮板或其固定装置设计不合理	挡粮板断裂，粮食外溢，掩埋作业人员	6	6	40	1440	一级	①重要仓储设施和装置，严格按照设计使用，未经论证，不能擅自维修或改变；②重要部位张贴“不得损坏，违者重罚”类似的警示标识；③发现危险源，应立即停止作业，疏散人员，制定处置方案
2	站立在不稳定粮堆上开展作业	粮堆坍塌，掩埋作业人员	6	2	15	180	二级	①在醒目处张贴警示标识；②加强岗前培训，熟悉作业操作流程；③加强作业现场巡查，严格处置违规作业行为

3、4、6、8	未关闭出粮口开展作业	加快粮堆流动，作业人员陷入粮堆	3	2	15	90	三级	①严格按照《粮库安全生产守则》，落实相关作业分级审批制度；②加强岗前培训，熟悉作业操作流程；③加强作业现场巡查，严格处置违规作业行为
3	违规站立粮堆面上处置结拱	粮堆坍塌，陷入粮堆	3	2	15	90	三级	
5	违规在挂壁下方开展作业	挂壁粮食掉落，掩埋作业人员	3	2	15	90	三级	
7	倾斜的包装码垛下方作业	码垛倒塌砸人	3	6	15	270	二级	①加强日常巡查，及时处置安全隐患；②作业前落实分级审批制度；③作业区内，醒目处张贴警示标识

行压仓实验；作业前组织作业线上的各类设施设备空载运行，确保其处于正常技术状态。

（3）加强作业期间安全巡查和检查，制止违章行为、防止发生事故。粮库主要领导、分管领导要加强作业现场巡查，作业现场负责人和监护人员要加强作业组织与监护，及时发现和纠正违章作业行为，提示作业人员按要求佩戴安全防护设备、穿戴劳动防护用品；加强作业暂停休息期间现场管理，防止无人监护擅自作业。

（4）加强应急救援协同与演练，高效处置突发情况、减小伤亡与损失。主动与医疗救治、应急消防相关部门联系，建立应急救援协同保障机制，确保在突发安全事件时能够高效协同救援；依据作业环境、作业类别、作业人员专业程度，分析作业安全风险，制定应急救援处置预案，并加强应急救援演练。

二、仓房坍塌事故

仓房坍塌事故是指仓库在设计或后期改造中不合理，且未经具有资质的单位论证，在外力作用下倒塌造成的生产安全事故。

本次共征集2012年—2021年粮食流通行业仓房坍塌事故5起，选取2起典型案例，从事故发生的作业类型、作业环境、作业环节、事故发生的原因（主要原因和间接原因）、应急救援等方面进行评价分析。

案例1

发生时间： 2014年3月30日。

涉事企业： 某商贸有限公司。

伤亡情况： 3人死亡。

事故经过： 2014年3月30日，某商贸有限公司在不能确定安全的情况下，自行组织工人使用挖掘机等设备在储粮罩棚外挖防水渗漏沟。30日下午6时20分在工人清理内浮土时发生坍塌，3名工人瞬间被玉米、围包、预制板掩埋在长40米、宽2米、深1.7米的边沟中，经救援，于3月31日1时50分和55分，分别救出2名工人，送到医院，经抢救无效死亡。第三名工人被救出后，经现场医护人员确认，已经死亡。

事故原因

1. 直接原因

作业人员安全意识淡薄，擅自违章冒险进行深挖作业。

2. 间接原因

（1）事故单位未建立安全生产责任制，未制定安全生产规章制度和操作规程。

（2）作业前未对作业环境进行安全风险辨识。

（3）作业前未组织作业人员进行安全教育培训和安全交底。

（4）作业现场管理混乱，未明确作业现场监护人员。

（5）未制定应急救援预案，迟滞了救援时间。

违反规定

《粮库安全生产守则》（国粮储［2016］234号）

安全检查　粮仓必须由相应资质单位设计。粮仓应制作和安装粮仓设计说明标牌，标明粮仓的设计单位、年份、储粮品种、储存形式、装粮高度、仓容、使用年限等，用于指导和检查储粮，严禁超限装粮。粮仓第一次装粮应按设计要求进行压仓实验。非经相应资质单位设计的粮仓，必须委托相应资质设计单位论证是否符合结构安全和储粮工艺的要求，严禁不经论证直接储粮。超过设计结构使用年限的粮仓，必须委托相应资质的房屋鉴定机构进行鉴定，根据鉴定结论确定能否继续装粮。

事故原因关键词： 擅自进行深挖作业、未进行安全风险辨识、未设置监护人员、未进行安全教育培训。

事故定性： 较大生产安全责任事故。

责任处理

给予时任某县农村经济委员会工会主席兼行业科科长警告处分。

给予时任某镇主管粮食安全副镇长警告处分。

给予时任某镇安监助理警告处分。

案例2

发生时间：2016年12月16日。

涉事企业：某粮食储备库。

伤亡情况：2人死亡、3人受伤。

事故经过：2016年12月16日8时，某粮食储备库396号粮仓保管员李某带领装卸队杨某、王世某、王西某、罗业某、罗社某开展出库作业。18时45分，李某在值班室吃晚餐时，杨某等5人用裁纸刀拆除五字码谷袋时造成受力不均，导致间墙倒塌，杨某5人被掩埋。李某和其他工作人员立即开展救援，同时拨打110、120、119电话。120医务人员赶到后，对5人进行救治，杨某、罗社某、王西某伤情较轻，罗业某、王世某抢救无效死亡。

事故原因

1. 直接原因

（1）装卸工安全意识不强，违规拆除间墙五字码谷袋护墙体。

（2）396号粮仓改变结构，未委托相应资质设计单位论证，存在安全隐患。

2. 间接原因

（1）作业前未对装卸人员开展安全教育培训和安全交底，导致人员安全意识不强，违规操作。

（2）未设置安全警示标识。

（3）作业现场负责人未全程组织作业，未能及时发现并制止违章作业行为，监管缺失。

（4）未结合实际制定粮食出仓作业方案，未按规定对称出粮。

违反规定

《粮库安全生产守则》（国粮储〔2016〕234号）

（1）安全检查　粮仓必须由相应资质单位设计。粮仓应制作和安装粮仓设计说明标牌，标明粮仓的设计单位、年份、储粮品种、储存形式、装粮高度、仓容、使用年限等，用于指导和检查储粮，严禁超限装粮。粮仓第一次装粮应按设计要求进行压仓实验。非经相应资质单位设计的粮仓，必须委托相应资质设计单位论证是否符合结构安全和储粮工艺的要求，严禁不经论证直接储粮。超过设计结构使用年限的粮仓，必须委托相应资质的房屋鉴定机构进行鉴定，根据鉴定结论确定能否继续装粮。

粮仓装粮前或日常检查时，应检查仓顶有无漏水，仓房墙壁、地面有无裂缝，地面有无沉降，门窗有无损坏，扶梯等附属设施是否完好；应检查钢板仓防锈漆是否剥落，检查螺栓、垫片等是否松动，检查与土建相连的支座部位有无异常，地面有无沉降。如有异常，须进行有效处置。

（2）外包　外包作业前，粮库（油库）应组织对外包作业人员安全交底，督促和配合外包作业单位对外包作业人员进行作业前培训，并做好培训记录和考核，外包作业人员应在安全交底或安全生产作业承诺书上签字。

事故原因关键词：仓房结构不经论证储粮、作业前未开展安全培训、作业现场无人组织和监护、安全隐患处未设置警示标识。

事故定性：一般生产安全责任事故。

责任处理

王某，某县商务和粮食局副局长，负有领导责任，给予警告处分。

贺某，某粮食储备库原法人，负有重要领导责任，给予党内警告处分。

朱某，某粮食储备库安全管理员，负有重要责任，给予党内严重警告处分。

阳某，某粮食储备库仓储科长，负有重要责任，给予党内严重警告处分。

李某，某粮食储备库396号仓保管员，负有主要责任，给予党内严重警告处分，并予以辞退。

案例启示和防范措施

从前述2起事故案例不难看出，仓房倒塌作业事故起数不多，但每起事故都造成了较大伤亡，主要是不经论证冒险施工、仓房设计缺陷、作业人员违章作业等原因导致。

利用DLEC评价法，对该类事故危险源分析和防范措施如表2-3所示。

依据《粮库安全生产守则》（国粮储〔2016〕234号），结合对典型事故的分析和实际作业情况，预防仓房坍塌事故，有以下几点建议。

（1）落实仓库鉴定机制，确保仓储设施安全合规 粮仓必须由相应资质单位设计，严禁超年限不经鉴定继续装粮，严禁超限装粮；粮仓第一次装粮应按设计要求进行压仓实验；非经相应资质单位设计的粮仓，严禁不经论证直接储粮。

（2）加强施工前风险辨识，杜绝冒险作业 无论是

表2-3　仓房坍塌事故危险源危险等级评价表

案例编号	危险源	可能发生事故	危险评估				危险等级	防范措施
			L	E	C	D		
1	未经论证随意在储粮的仓房周边开展深挖施工	仓房倒塌	1	1	40	40	四级	需要注意。加强深挖作业分级审批，经论证可行后方可施工
2	擅自改变仓房结构且未经论证直接储粮	仓房倒塌	3	1	40	120	三级	需要整改。未经资质单位设计的粮仓，必须委托相应资质单位论证是否符合要求，否则不得直接储粮
2	违章作业不对称出粮导致间墙受力不均	间墙倒塌	3	3	40	360	一级	需立即整改。出库作业时，间墙两侧粮食同时出仓，确保受力均匀

仓库内部施工还是周边施工，都要提前进行风险辨识，尽量选择空仓期间施工，既要确保施工期间安全，又要确保不影响安全储粮。

（3）严格遵守粮食出入库操作规程，防止违章作业 简易仓囤储粮，粮食入囤前，应对粮囤的内外结构进行安全检查，检查各焊接口是否焊接牢固，检查囤身是否倾斜，确认安全后方可入粮，进粮作业应从简易囤中心入粮，严防偏心装粮；出粮时，采用对称出粮口同时出粮，严禁偏心出粮。

（4）加强对粮食仓库的日常检查，及时排除安全隐患 粮仓装粮前必须进行安全检查，日常应加强安全检查，重点检查仓顶有无漏水，仓房墙壁、地面有无裂缝，地面有无沉降；检查钢板仓防锈漆是否剥落，检查螺栓、垫片等是否松动，检查与土建相连的支座部位有无异常，地面有无沉降。如有异常，须进行有效处置。

三、机械伤害事故

粮库使用设备种类和数量繁多，在操作使用、排除故障过程中，容易发生机械伤害事故。

本次共征集2012年—2021年粮食流通行业机械伤害事故6起，我们选取2起事故案例，从事故发生的作业环境、作业环节、事故发生的原因（主要原因和间接原因）、应急救援等方面进行评价分析。

案例1

发生时间：2012年1月3日。

涉事企业：某粮食储备库。

伤亡情况：1人死亡。

事故经过：2012年1月3日13时30分，某粮食储备库28号仓组织新粮入库作业。13时40分，粮食补仓机升起液压机到指定窗口时，设备失去平衡倾斜，将距补仓机2米远处货车司机熊某压倒，致其头部受伤严重，当场死亡。

事故原因

1. 直接原因

（1）作业人员操作粮食补仓机不当，致使设备失去平衡倾倒。

（2）熊某安全意识淡薄，擅自进入有较大危险因素作业区域。

2. 间接原因

（1）作业前未组织作业人员进行安全教育和培训。

（2）危险作业区域未设置安全警示标识。

（3）作业现场未安排监护人员，未能及时发现作业隐患，劝离危险作业区域人员。

违反规定

《粮食仓库安全操作规程》（LS 1206—2005）

（1）班组长和班组专（兼）职安全员在作业前应对作业环境、设施、设备进行认真检查，发现安全隐患，立即排除；重大隐患，应及时报告；严禁带隐患作业。作业过程中应巡视检查，随时纠正违章行为，清除新的安全隐患。

（2）非操作人员未经批准不得进入生产作业区域。

（3）生产作业现场的各种安全设施、设备、警告标志和安全标志等应完整齐全、清晰有效，未经批准不得拆除和挪动。

（4）生产作业时，应保证移动式设备平稳，防止倾斜。

事故原因关键词：机械设备倾倒、擅自进入生产作业区域、作业现场无警示标识、未组织安全教育和培训、未明确监护人员。

事故定性：一般生产安全责任事故。

责任处理

冯某，某粮食储备库副主任，给予党内警告处分。

黎某，某粮食储备库安保科长，给予党内警告处分。

某粮食储备库，给予罚款6万元的行政处罚。

案例2

发生时间：2017年11月27日。

涉事企业：某粮食收储有限公司。

伤亡情况：1人死亡。

事故经过：2017年11月27日，某粮食收储有限公司储运部班长李某，维修工覃某、黎某在10仓与11仓之间的罩棚下拆除粮食输送机轮胎。8时30分左右，黎某驾驶3吨叉车将粮食输送机（长约18米）抬升5厘米左右，而后黎某与覃某拆除输送机东面轮胎，李某独自拆除西面轮胎，东面轮胎拆除完后，输送机突然失稳倾覆，将正背对输送机接听手机的李某击中。黎某与覃某迅速救援，并拨打120急救电话，10分钟后救护车到达现场，将李某送往医院救治，经抢救无效死亡。

事故原因

1. 直接原因

（1）作业人员黎某未持证操作叉车，用叉车提升输送机时只有单边车叉承受荷载重量，且未对输送机采取加固措施，以致输送机拆除轮胎过程中失稳倾覆。

（2）李某安全意识淡薄，在提升作业过程中背对输送机接听手机，以致在输送机发生倾覆时未能及时避险。

2. 间接原因

（1）作业前未组织安全教育培训，提示安全风险。未对场内机动车辆驾驶人员持证情况进行检查，未能及时制止违章作业行为。

（2）作业现场未设监护人员，导致未及时发现并纠正违章作业行为，未及时消除事故隐患。

违反规定

《粮库安全生产守则》（国粮储〔2016〕234号）

设备检修　必须严格执行设备检修分级审批制度，严禁擅自开展设备检修。应严格按照设备产品说明书检修，严禁机电设备带病运行，严禁设备带电或运行中进行检修；应设置检修警示标识，严禁非作业人员进入检修现场；应确保设备传动部位安全防护装置牢固；对设备支撑部件进行维修时，应提前采取防垮塌支撑措施；筒仓输送系统检修作业时，应采取措施隔断与明火作业相连的管道、孔洞。

事故原因关键词：设备倾倒、违章作业、无监护人员、无证驾驶特种车辆。

事故定性：一般生产安全责任事故。

责任处理

属地安全生产监督管理局认定，某粮食收储有限公司未及时发现并消除违章操作等隐患，给予罚款25万元的行政处罚。

案例启示和防范措施

从前述2起案例不难看出，作业人员麻痹大意、不落实规定要求、作业现场无人监护是发生事故的重要原因。

利用DLEC评价法，对该类事故危险源分析如表2-4所示。

依据《粮库安全生产守则》（国粮储〔2016〕234号），结合对典型事故的分析和实际作业情况，预防机械伤害事故，有以下几点建议。

（1）落实各项制度，做好作业准备　严格执行设备检修作业分级审批制度，严禁擅自开展设备检修作业；明确设备检修与移动作业现场负责人和监护人员，组织2名以上专业人员协同作业并派人监护；设置设备检修或移动警示标识，提示非作业人员禁止进入作业区域。

（2）排除安全风险，明确防范措施　移动设备前，作业部门组织作业环境和过程的安全风险辨识，制定相

表2-4 机械伤害事故危险源危险等级评价表

案例编号	危险源	可能发生事故	危险评估				危险等级	防范措施
			L	*E*	*C*	*D*		
1、2	机械设备放置倾斜，或无防倾斜支撑	机械设备倾倒伤人	3	2	15	90	三级	需要整改。明确作业现场负责人，安排监护人员，加强作业现场巡查监护，及时排查隐患，纠正违章作业行为
1、2	作业人员安全意识淡薄，违规进入作业区或危险作业时疏忽大意	违章作业或发生事故时不能及时避险，导致事故	3	1	15	45	四级	需要注意。作业前组织安全教育培训，让作业人员认识到作业风险，意识到事故危害，掌握紧急避险和救援的方法。设置危险作业警示标识

应安全措施；设备检修或移动前提前断电并停止运行；维修设备支撑部件，提前采取防垮塌支撑措施。

（3）严守操作规程，加强作业组织　移动设备时，专人统一指挥，落实安全措施；严禁设备前方、下方站人；严禁把设备当扶梯进行登高作业；严禁人员站立或坐在设备上，严禁以人的重量平衡机械；上下坡时，采用拖车方式，严防设备失控；设备停放时，放下支撑脚或固定制动装置，防止设备移动、倾倒。

四、车辆伤害事故

车辆伤害事故是指粮库内的机动车辆库内作业时造成的对人员碰撞、碾轧，或对设施设备剐蹭的事故。

本次共征集2012年—2021年粮食流通行业车辆伤害事故6起，我们选取了1起典型案例，从作业环境、作业环节、事故发生的原因（直接原因和间接原因）等方面进行评价分析。

案例1

发生时间：2016年10月5日。

涉事企业：某粮业有限公司。

伤亡情况：1人死亡。

事故经过：2016年10月5日，某粮业有限公司售粮车辆排队中，粮食经纪人胡某顶替车主肖某移动车辆过磅，操作不当，在倒车过程中引发事故，导致1名工作人员死亡。

事故原因

1. 直接原因

（1）胡某驾驶他人售粮车，操作不当致人死亡。

（2）倒车过磅时，无专人指挥。

2. 间接原因

胡某安全意识差，违规擅自驾驶他人作业车辆。

违反规定

《粮库安全生产守则》（国粮储〔2016〕234号）

作业机动车辆　驾驶员应听从粮库管理人员的指挥，严格按照指定路线行驶，严禁驶入粮库非指定区域自行装卸，严禁驾驶员进入，禁止驾驶员赤脚、赤身、穿拖鞋、穿凉鞋等不安全行为。

机动车辆过磅时，应直线行驶并停在秤台中心，缓刹车停稳后并制动手刹，发动机必须熄火。

机动车辆装、卸车前，应放好车轮停位器，以防车辆移动伤人。作业人员应检查作业空间、车辆、设备、设施状况，确认无安全隐患后方可作业；液压翻板周围应设置警戒线，严禁非作业人员进入警戒区。卸粮时，应有专人指挥，严禁卸粮坑、车辆及液压翻板上站人。严禁车辆偏载或超载。自卸车应在车斗完全复位后，方可移动车辆。

机动车辆倒车时，必须有人指挥，指挥人员必须站在车辆的侧后方并与车辆保持安全距离，严禁站立在车辆可能行驶的轨迹上。

事故原因关键词：擅自驾驶他人车辆、倒车无人指挥。

事故定性：一般生产安全责任事故。

责任处理

胡某，粮食经纪人，经法院判决监外执行1年；其他相关责任人给予相应行政处理。

案例启示和防范措施

从前述案例不难看出，作业人员麻痹大意、倒车无人指挥、作业现场无人监护是发生事故的主要原因。

利用DLEC评价法，对该类事故危险源分析如表2-5所示。

依据《粮库安全生产守则》（国粮储〔2016〕234号），结合对典型事故的分析和实际作业情况，预防车辆伤害事故，有以下建议。

（1）组织安全教育培训，加强作业现场监护　作业现场负责人检查驾驶员驾驶合格证，组织安全教育，提出安全要求，明确监护人员。

（2）明确库内车辆作业规则，规范车辆库内运行秩序　库内按要求设置交通指示标识和限速标识；机动车辆倒车时专人指挥，指挥人员必须站在车辆的侧后方并与车辆保持安全距离，严禁站在车辆可能行驶的轨迹上。

表2-5　车辆伤害事故危险源危险等级评价表

案例编号	危险源	可能发生事故	危险评估				危险等级	防范措施
			L	*E*	*C*	*D*		
1	倒车未安排专人指挥	驾驶员存在视野盲区	3	2	15	90	三级	需要整改。落实库内交通有关规定，机动车倒车时，必须有人指挥，指挥人员必须站在车辆的侧后方并与车辆保持安全距离，避开车辆行驶轨迹

五、中毒窒息事故

熏蒸作业一般采用磷化铝药剂释放磷化氢抑制霉菌和虫害。磷化氢可由呼吸道吸入造成人体中毒。熏蒸完成后，散气不彻底，未检测磷化氢浓度，人员贸然进入，可能发生人员中毒事故。

现有仓型气密性较过去有很大提高，人员进入有限空间前未检测内部氧气浓度，在缺氧条件下进入，可能发生人员窒息事故。

本次共征集2012年—2021年粮食流通行业熏蒸和有限空间作业事故2起，为使事故分析更全面、更有针对性，增加了1起2011年典型案例，从事故发生的作业类型、作业环节、事故发生的原因（直接原因和间接原因）、应急救援等方面对3起典型事故案例进行评价分析。

案例1

发生时间：2011年9月13日。

涉事企业：某公司粮库。

伤亡情况：4人死亡。

事故经过：2011年9月13日16时，在熏蒸施药（磷化铝粉）43天后，仓储主管胡某安排保管员周某傍晚按照方案散气。17时45分，周某佩戴过滤式防毒面具打开查粮门，自行进仓拆除密封薄膜。胡某先是在查粮门下方的地面上（距查粮门约7米高距离）观察，2分钟后，佩戴防毒面具进入仓房。5分钟后，值班保安万某发现，胡某头戴过滤式防毒面具返回到查粮门口，挥动双手。张某骑电瓶车经过，看到胡某在招手，立即停车，万某看着张某和胡某一同入仓。约30分钟后，万某发现3人都没有出来，就向值班人员葛某报告情况。葛某到现场后，叫人没有回应，有所警觉，就用湿毛巾捂住口鼻，从查粮门入仓查看，发现3人躺在仓内，由于感到胸闷，当即退出仓房，打电话向粮库领导钱某报告，并向110、120、119进行报警求援，提醒消防人员携带防毒面具和氧气瓶。接葛某电话后，钱某和几名保管员赶到现场，并展开营救无果。在现场的钱某又安排工人爬梯子上仓房砸窗户，砸开两扇窗户后，打开轴流风机，第一次风机没有转，保管员仲某接上电源线启动风机后，发现密封薄膜没有去掉，风机不发挥作用，外包单位粮食装卸工张某某佩戴着防毒面具，入仓除掉密封薄膜，转身又去救人，因入仓时间长，张某某也晕倒。21时，4人经医护人员抢救无效，确认死亡。

事故原因

1. 直接原因

（1）散气作业前未提前采取通风措施，降低仓内磷化氢浓度。

（2）散气作业入仓前，未检测仓内磷化氢和氧气浓度，冒险作业。

（3）作业人员和救护人员入仓时，佩戴防毒面具，而未佩戴正压式空气呼吸器。

（4）未制定应急救援预案，盲目施救。

2. 间接原因

（1）作业前未进行安全教育和培训，未组织安全交底，作业人员不了解安全常识，凭经验违规作业。

（2）熏蒸散气作业组织混乱，单人入仓作业，且未明确作业现场负责人和监护人员，导致作业人员晕倒粮面未被及时发现。

（3）安全防护设备不足，未配备正压式空气呼吸器。

（4）作业现场未设置安全警示标识。

（5）仓库散气窗户的密封薄膜设计不合理，散气时，作业人员需要入仓拆除密封薄膜，增大了中毒窒息的风险。

（6）应急救援能力弱，日常应急演练不够，遇到突发情况盲目指挥，导致事故扩大。

违反规定

《粮库安全生产守则》（国粮储〔2016〕234号）

（1）熏蒸　房式仓、筒式仓熏蒸通风散气后，作业人员必须检测仓房中的磷化氢和氧气浓度，磷化氢浓度小于0.2毫升/立方米和氧气浓度不小于19.5%时，方可进入。否则，必须佩戴空气呼吸器。

钢结构散装房式简易仓、钢罩棚和简易囤散气时，熏蒸人员应戴空气呼吸器，先揭开帐幕一边，0.5小时后揭起其他部位的帐幕，1小时后卸下帐幕，通风散气24小时。

禁止在夜间和大风、雨天、雷电等情况下进行熏蒸和散气。

（2）有限空间作业　必须执行有限空间作业分级审批制度，严禁擅自开展有限空间作业。

必须做到“先通风、再检测、后作业”。应先打开人孔、料孔等进行自然通风，必要时，可采取强制通风。检测有限空间氧气和有害气体浓度，氧气浓度不应小于19.5%，磷化氢气体浓度不应高于0.2毫升/立方米。氧气浓度小于19.5%，磷化氢气体浓度高于0.2毫升/立方米时，作业人员必须佩戴空气呼吸器。严禁向有限空间充氧气或富氧空气。

作业现场应明确作业负责人、监护人员和作业人员，不得在没有监护人的情况下作业，应设置安全警示标识。

人员必须配备个人防中毒窒息等防护装备，严禁无防护监护措施作业。在缺氧或有毒、有限空间作业时，应佩戴空气呼吸器。

进入有限空间前，监护人应与作业人员一起检查安全措施，记录进入人员人数、姓名和工器具，统一联系方式。作业过程中监护人员不得脱岗。

事故原因关键词：未组织安全教育培训、冒险进入未检测有限空间作业、未佩戴有效防护设备、作业现场缺乏有效监护、救援人员盲目施救。

事故定性：较大生产安全责任事故。

责任处理

某公司粮库仓库保管员、仓储保管主管，在未确定仓房内磷化氢浓度和含氧量的情况下，凭经验违规进入危险区域，盲目进入危险区域内实施救援，是这起事故的直接责任者。因其在事故中已死亡，不再追究其责任。

某公司粮库副主任，对这起事故负有管理责任，给予撤销副主任职务处分。

某公司粮库原负责人，对这起事故负有管理责任，给予党内警告处分，并给予罚款上年年收入40%的行政处罚。

某公司总经理，对这起事故负有领导责任，给予党内警告处分。

某公司粮库对这起事故负有管理责任，给予罚款30万元的行政处罚。

某公司作为粮库上级单位，对这起事故负有监管责任。责成其向上级单位作出书面检查。

案例2

发生时间： 2016年9月29日。

涉事企业： 某企业储备库。

伤亡情况： 3人死亡、1人受伤。

事故经过： 2016年9月29日，储备库副主任、保管员黄某组织开展熏蒸散气作业，黄某、叶某开启排气窗后，徐某、黄丽某清理窗户上掉落的胶纸。在4号仓作业时，库主任陈某巡查发现仓门水珠，安排叶某开启轴流风机进行通风。9时许，叶某佩戴自吸过滤式防毒面具走进4号仓；9时30分，黄某、徐某、黄丽某在仓外呼叫叶某，未有回应。徐某爬上梯子发现叶某倒在粮面；徐某、黄某使用梯子进入仓内救援，黄丽某因畏高未跟随；数秒后，黄丽某在仓外询问是否需要帮助，未得到回应，立即向库主任陈某报告；陈某在安排黄丽某取防毒面具后，进入仓内倒下，黄丽某向储备公司报告后拨打120、119；10时19分，徐某救出；10时29分，叶某、黄某、陈某全部被救出，送至医院抢救。陈某、叶某、黄某经抢救无效死亡，徐某经抢救后脱离生命危险。

事故原因

1. 直接原因

（1）作业人员入仓前，未检测仓内磷化氢和氧气浓度，冒险作业。

（2）作业人员和救护人员入仓时，佩戴禁止使用的自吸式防毒面具，而未佩戴正压式空气呼吸器。

（3）盲目施救，导致事故扩大。

2. 间接原因

（1）作业负责人、仓库管理员未取得职业资格，违规作业。

（2）作业前未进行安全教育和培训，未组织安全交底，作业人员不了解安全常识，凭经验违规作业。

（3）熏蒸散气作业组织混乱，单人入仓作业，且未明确作业现场监护人员，未配备通信设备，导致作业人员晕倒粮面未被及时发现。

（4）安全防护设备不足，未配备正压式空气呼吸器。

（5）作业现场未设置安全警示标识。

（6）应急救援能力弱，日常应急演练不够，遇到突发情况盲目施救。

违反规定

《粮库安全生产守则》（国粮储〔2016〕234号）

（1）熏蒸　房式仓、筒式仓熏蒸通风散气后，作业人员必须检测仓房中的磷化氢和氧气浓度，磷化氢浓度小于0.2毫升/立方米和氧气浓度不小于19.5%时，方可进入。否则，必须佩戴空气呼吸器。

（2）有限空间作业　必须执行有限空间作业分级审批制度，严禁擅自开展有限空间作业。

必须做到“先通风、再检测、后作业”。应先打开人孔、料孔等进行自然通风，必要时，可采取强制通风。检测有限空间氧气和有害气体浓度，氧气浓度不应小于19.5%，磷化氢气体浓度不应高于0.2毫升/立方米。氧气浓度小于19.5%，磷化氢气体浓度高于0.2毫升/立方米时，作业人员必须佩戴空气呼吸器。

发生生产安全事故时，监护人员应立即报警，救援人员应做好自身防护，配备必要的呼吸器具、救援器材，严禁盲目施救，导致事故扩大。

事故原因关键词：不具备从业资格、未组织安全教育培训、冒险进入有限空间、未佩戴有效防护设备、缺乏有效监护、盲目施救。

事故定性：较大生产安全责任事故。

责任处理

徐某，某企业分管仓储副经理，负有直接管理责任，给予解聘处理。

谭某，某企业法人兼经理，负有重要领导责任，给予记大过处分。

区某，属地发改局股长，负有重要领导责任，给予记过处分，并调整工作岗位。

梁某，属地发改局副局长，负重要领导责任，给予记过处分，并调整工作岗位。

属地发改局负有监管不力的责任，作出深刻检查。

案例3

发生时间：2017年9月15日。

涉事企业：某县粮食收购处。

伤亡情况：2人死亡。

事故经过：2017年9月15日，某县粮食收购处在机械调试运行时，发生提升机皮带断裂，联系某机械有限公司对断裂提升机皮带进行修复，某机械有限公司负责人组织戴某、贺某下到湿粮提升机地坑开展维修作业，后发现2人死亡。

事故原因

1. 直接原因

（1）湿粮提升机地坑属有限空间，作业前未提前通风。

（2）进入地坑作业前，未检测氧气浓度，冒险作业。

（3）作业人员未佩戴正压式空气呼吸器。

2. 间接原因

（1）作业前未组织维修人员进行安全教育和培训，未组织安全交底，作业人员不了解有限空间作业安全常识，凭经验违规作业。

（2）收购处企业主体责任落实不到位，未加强作业现场安全管理。

（3）作业现场未设置安全警示标识。

违反规定

《粮库安全生产守则》（国粮储〔2016〕234号）

有限空间作业。必须执行有限空间作业分级审批制度，严禁擅自开展有限空间作业。

必须做到“先通风、再检测、后作业”。应先打开人孔、料孔等进行自然通风，必要时，可采取强制通风。检测有限空间氧气和有害气体浓度，氧气浓度不应小于19.5%，磷化氢气体浓度不应高于0.2毫升/立方米。氧气浓度小于19.5%，磷化氢气体浓度高于0.2毫升/立方米时，作业人员必须佩戴空气呼吸器。严禁向有限空间充氧气或富氧空气。

作业现场应明确作业负责人、监护人员和作业人员，不得在没有监护人的情况下作业，应设置安全警示标识。

人员必须配备个人防中毒窒息等防护装备，严禁无防护监护措施作业。在缺氧或有毒、有限空间作业时，应佩戴空气呼吸器。有易燃易爆物质时，应穿防静电工服，使用防爆型低压灯具及不产生火花的工具。有酸碱等腐蚀性介质时，作业人员应穿戴防酸碱工作服、工作鞋、手套等防护品。

进入有限空间前，监护人应与作业人员一起检查安全措施，记录进入人员人数、姓名和工器具，统一联系方式。作业过程中监护人员不得脱岗。

事故原因关键词：未组织教育培训、未经检测进入有限空间、未佩戴安全防护设备、无安全警示标识、无有效监护。

事故定性：一般生产安全责任事故。

责任处理

某县安全生产监督管理局对县粮食收购处作出给予罚款35万元的行政处罚。

案例启示和防范措施

从前述3起事故案例不难看出，虽然熏蒸和有限空间作业相对其他事故数量较少，但事故致亡人数相对较高，主要是由于未经审批进入有限空间、不检测有害气体和氧气浓度、不佩戴正压式空气呼吸器、作业无人监护、盲目救援所致。

利用DLEC评价法，对该类事故危险源分析和防范措施如表2-6所示。

依据《粮库安全生产守则》(国粮储〔2016〕234号)，结合典型事故案例分析和实际作业情况，预防熏蒸和有限空间作业事故，有以下几点建议。

(1)落实各项制度，加强培训演练　制定作业方案，落实分级审批制度；制定应急救援预案，组织应急救援演练；明确作业现场负责人和监护人员，组织作业人员培训交底。

(2)遵守操作规程，落实防护措施　熏蒸后入仓

表2-6　中毒窒息事故危险源危险等级评价表

案例编号	危险源	可能发生事故	危险评估				危险等级	防范措施
			L	*E*	*C*	*D*		
1、2、3	有限空间作业前未提前通风	有毒气体不能快速排出或氧气浓度不达标	6	1	40	240	二级	需要立即整改。有限空间作业前打开窗户、人孔、料孔等进行自然通风，必要时可强制通风
1、2、3	作业人员入仓作业前未检测磷化氢和氧气浓度	磷化氢浓度超标，氧气浓度不达标	6	1	40	240	二级	需要立即整改。作业前检测有限空间内有毒气体和氧气浓度。氧气浓度小于19.5%，磷化氢浓度高于0.2毫升/立方米时，作业人员必须佩戴正压式空气呼吸器

1、2、3	作业现场无监护人员	作业人员中毒或窒息不能及时发现并救援	6	1	40	240	二级	需要立即整改。作业现场明确负责人和监护人员，监护人员要确保可以观察到所有作业人员，发生险情迅速报告
1、2、3	未佩戴或佩戴不符合要求防毒面具	不能达到有毒气体过滤作用	6	1	40	240	二级	需要立即整改。停止使用过滤式防毒面具，使用正压式空气呼吸器

或进入有限空间作业前，按照“先通风、再检测、后作业”的规程进行，磷化氢浓度小于0.2毫升/立方米且氧气浓度不小于19.5%时，方可进入，否则，作业人员和监护人员都必须佩戴正压式空气呼吸器。熏蒸和散气作业时，设置安全警示标识和警戒线，禁止非作业人员靠近。

（3）按照作业要求，加强作业监护　作业现场负责人组织不少于2人同时作业，监护人员站在仓门或仓口位置，确保可以观察到所有作业人员。作业人员身体不适，立即退出作业。

（4）科学组织救援，防止盲目施救　作业人员中毒或窒息时，监护人员立即报告，现场负责人组织救援人员正确佩戴正压式空气呼吸器，携带救援器材，按照预案组织救援。

六、高处坠落事故

高处坠落事故是指作业人员在高处作业时发生意外坠落导致的生产安全事故。

本次共征集2012年—2021年粮食流通行业高处坠落事故8起，选取了其中4起典型事故案例，从事故发生的作业类型、作业环境、作业环节、事故发生的原因（直接原因和间接原因）等方面进行评价分析。

案例1

发生时间： 2019年8月26日。

涉事企业： 某粮油实业有限公司。

伤亡情况： 1人死亡。

事故经过： 2019年8月26日17时30分，某粮油实业有限公司吴某、刘某开展吸麦作业，吴某发现面粉仓流槽口漏麦，通知刘某清扫散落小麦。19时09分，刘某联系吴某开启小麦仓外部楼梯照明。20时，吴某联系刘某，无人接听，寻找后发现刘某鞋子在6楼平台上，然后在3楼脉冲平台发现刘某平躺着。事故发生后，吴某立即向公司报告，20时30分，医院救护人员抵达并对刘某进行抢救，刘某因伤势过重，抢救无效死亡。

事故原因

1. 直接原因

（1）刘某未系安全绳，进行高处作业。

（2）刘某擅自翻越钢梯，冒险作业。

（3）刘某高处作业，无人监护。

2. 间接原因

（1）高处作业未落实分级审批制度，作业人员擅自作业。

（2）作业前未明确作业现场负责人和监护人员。

（3）作业前未组织安全教育培训和安全交底，作业人员不了解安全风险。

（4）未建立安全隐患排查制度，隐患部位未设置安全警示标志。

违反规定

《粮库安全生产守则》（国粮储〔2016〕234号）

高处作业　必须严格执行高处作业分级审批制度，

严禁擅自开展高处作业。

应安排身体条件符合要求的人员从事高处作业，必须配备现场监护人；作业人员应佩戴安全帽和安全绳作业，应穿软底防滑劳保鞋，严禁穿硬底、带钉、易滑的鞋。

高处作业使用的扶梯、升降平台和临时架设的作业平台应符合安全要求，严禁把设备当扶梯进行高处作业；应在高处作业区域设置隔离警示标识，严禁人员穿行。

作业时，安全绳应系牢在系留装置或固定的设施上，严禁作业人员向下抛扔物体。

事故原因关键词：擅自开展高处作业、未佩戴安全防护设备、未开展安全培训、未设置警示标识。

事故定性：一般生产安全责任事故。

责任处理

某粮油实业有限公司及其负责人刘某，违反了《中华人民共和国安全生产法》相关规定，由安全生产监督管理部门依法对某粮油实业有限公司和刘某作出行政处罚。

案例2

发生时间： 2019年5月5日。

涉事企业： 某市粮食总公司。

伤亡情况： 1人死亡。

事故经过： 2019年5月5日9时，外包人员古某、张某在OP3仓库搬动挡粮板（木质，质量50.8千克），在将挡粮板放平过程中，古某后退至二楼仓门坠楼至一楼（高度4.5米）。10时许，救护车到达将古某送至医院，经抢救无效死亡。

事故原因

1. 直接原因

高处作业未系安全绳、未戴安全帽。

2. 间接原因

（1）作业前未组织对外包作业人员进行安全教育培训和安全交底。

（2）作业现场负责人和监护人员，未监督作业人员落实防护措施。

（3）安全隐患处无警示标识。

违反规定

《粮库安全生产守则》(国粮储〔2016〕234号)

(1)外包　外包作业前，粮库(油库)应组织对外包作业人员的安全交底，督促和配合外包作业单位对外包作业人员进行作业前培训，并做好培训记录和考核，外包作业人员应在安全交底或安全生产作业承诺书上签字。

(2)高处作业　作业人员应佩戴安全帽和安全绳作业，应穿软底防滑劳保鞋，严禁穿硬底、带钉、易滑的鞋；应在高处作业区域设置隔离警示标识，严禁人员穿行。

事故原因关键词：未开展安全培训、未佩戴安全防护设备、作业现场无人监护、未设置安全警示标识。

事故定性：一般生产安全责任事故。

责任处理

吴某，某市粮食总公司保管员兼安全员，负有主要责任，给予警告处分并调离岗位。

陈某，某市粮食总公司副经理，负有领导责任，给予警告处分。

魏某，某市粮食总公司分管安全副经理，负有主要领导责任，给予警告处分。

熊某，某市粮食总公司法人兼总经理，负有领导责任，给予安全警示约谈。

古某（非前述外包人员），与某市粮食总公司签订装卸合同，负有直接监管责任，解除装卸合同。

按照相关规定，给予某市粮食总公司行政处罚，并做书面检讨；对属地商务局进行约谈。

案例3

发生时间： 2016年3月7日。

涉事企业： 某粮食收购有限公司。

伤亡情况： 1人死亡。

事故经过： 2016年3月7日，某粮食收购有限公司陈某在没人安排，且未采取任何防护措施的情况下，爬到输送机上增加配重，在距离地面大约5米处，不慎跌落地面，后经抢救无效死亡。

事故原因

1. 直接原因

作业人员在没有采取任何安全防护措施的情况

下，擅自冒险登高作业。

2. 间接原因

（1）作业前未组织安全教育培训和安全交底。

（2）作业期间，现场负责人和监护人员未履行监管职责，未及时纠正违章作业行为。

（3）未落实高处作业分级审批制度。

违反规定

《粮库安全生产守则》（国粮储〔2016〕234号）

高处作业　必须严格执行高处作业分级审批制度，严禁擅自开展高处作业。

应安排身体条件符合要求的人员从事高处作业，必须配备现场监护人；作业人员应佩戴安全帽和安全绳作业，应穿软底防滑劳保鞋，严禁穿硬底、带钉、易滑的鞋。

高处作业使用的扶梯、升降平台和临时架设的作业平台应符合安全要求，严禁把设备当扶梯进行高处作业；应在高处作业区域设置隔离警示标识，严禁人员穿行。

作业时，安全绳应系牢在系留装置或固定的设施上，严禁作业人员向下抛扔物体。

事故原因关键词： 未开展安全教育培训、擅自进行高处作业、未佩戴安全防护设备、安全监管不力。

事故定性： 一般生产安全责任事故。

责任处理

董某，某粮食收购有限公司法人，存在事故瞒报行为，负有领导责任，给予2万元罚款。

刘某，某粮食收购有限公司分管生产经营的负责人，存在事故瞒报行为，负有领导责任，给予2万元罚款。

董某，某粮食收购有限公司安全管理人员，存在事故瞒报行为，负有直接管理责任，给予5千元罚款。

张某，属地镇政府安全生产监督管理办公室主任，对企业安全生产监管履职不到位，给予诫勉谈话。

案例4

发生时间： 2020年8月16日。

涉事企业： 某粮食储备库、某建筑工程有限公司。

伤亡情况： 1人死亡。

事故经过： 2020年7月1日，某粮食储备库粮仓改造工程公开招标，某建筑工程有限公司中标，并签订《施工安全合同书》，约定施工过程中造成人身伤亡事故等均由建筑公司负责。

8月16日，某建筑工程有限公司汤某等5人在屋顶进行彩钢板安装作业。8时34分，汤某站在距离地面约5.5米高的东侧库房外墙顶部檩条和包檐之间（两者间距17厘米，两只脚只能斜站在两者间）铺设彩钢板，身体突然失稳，从外墙顶部跌落到地面。工人陈某拨打了120急救电话，8时45分，120急救车到达事故现场，经医生确认，汤某死亡。

事故原因

1. 直接原因

（1）汤某在宽度只有17厘米，两脚不能正常站立的作业面上，冒险进行高处作业。

（2）汤某未系安全绳、未戴安全帽，导致坠落时无任何防护。

2. 间接原因

（1）安全教育培训不到位，导致作业人员心存侥幸，冒险作业。

（2）安全投入不足，没有为高处作业人员配备必要的防护设施和用品。

（3）作业现场负责人和监护人员监管不到位，未及时发现并纠正冒险作业行为。

违反规定

《粮库安全生产守则》（国粮储［2016］234号）

（1）外包　外包作业前，粮库（油库）应组织对外包作业人员的安全交底，督促和配合外包作业单位对外包作业人员进行作业前培训，并做好培训记录和考核，外包作业人员应在安全交底或安全生产作业承诺书上签字。

（2）高处作业　作业人员应佩戴安全帽和安全绳作业，应穿软底防滑劳保鞋，严禁穿硬底、带钉、易滑的鞋；应在高处作业区域设置隔离警示标识，严禁人员穿行。

事故原因关键词：未进行安全教育培训、未佩戴安全防护设备、作业人员冒险作业、安全监管不力。

事故定性：一般生产安全责任事故。

责任处理

汤某，某建筑工程有限公司工人，对该起事故负有直接责任。鉴于在事故中已经死亡，故不再追究其责任。

张某，某建筑工程有限公司安全科长，对该起事故负有重要责任。责成公司予以处理，并将处理结果报市应急管理局。

曾某，某建筑工程有限公司安全副总经理兼项目经理，对该起事故负有主要领导责任。责成公司予以处理，并将处理结果报市应急管理局。

徐某，某建筑工程有限公司总经理，负有重要领导责任，给予罚款上年年收入30%的行政处罚。

杨某，某粮食储备库安全部部长，负有监督责任。责成公司予以处理，并将处理结果报市应急管理局。

某建筑工程有限公司对职工的安全生产教育培训不到位，作业现场的安全生产管理不到位，给予罚款25万元的行政处罚。

案例启示和防范措施

从前述4起案例不难看出，高处坠落事故数量和致亡人数都相对不高，事故防范难度并不大。为什么事故难以杜绝，主要是作业人员心存侥幸冒险作业、未采取安全防护措施、无有效监护等原因导致。

利用DLEC评价法，对该类事故危险源分析和防范措施如表2-7所示。

依据《粮库安全生产守则》（国粮储〔2016〕234号），结合对典型事故的分析和实际作业情况，预防高处坠落事故，有以下几点建议。

（1）落实各项制度，加强安全监护　执行高处作业分级审批制度，严禁擅自开展高处作业；明确作业现场负责人和监护人员，了解掌握作业人员身体状况和心理状态，及时调换不适合作业人员；组织安全教育，提示安全风险，做好安全交底，纠正违章作业行为。

（2）排查安全隐患，落实防护措施　对临边、洞

表2-7　高处坠落事故危险源危险等级评价表

案例编号	危险源	可能发生事故	危险评估				危险等级	防范措施
			L	*E*	*C*	*D*		
1、2、3、4	未采取安全防护措施进行高处作业	不能防止坠落或坠落无防护	3	6	15	270	二级	要立即整改。加强岗前安全培训，提高安全作业意识，同时加强安全巡查
1、2、3、4	未设置高处作业监护人员	发生事故不能及时发现错失最佳救援时机	1	6	15	90	三级	需要整改。高处作业前，明确现场负责人和监护人员，监护人员全程监护
1、2	高处作业环境无警示标识	作业人员不清楚隐患部位或大意导致高处坠落	1	6	7	42	四级	需要注意。在作业环境醒目位置和高处存在安全风险的位置设置警示标识

孔安装护栏或盖板；监督作业人员佩戴安全帽和安全绳作业，安全绳有效系在系留装置或固定设施上；作业使用安全可靠的扶梯、升降平台或临时架设的作业平台，严禁把设备当扶梯进行高处作业。

（3）设置警示标识，提示安全风险　在危险区域设置警示标识，提示作业人员防范风险；作业区域设置隔离警示标识，提示禁止人员和车辆穿行。

七、触电事故

触电往往是由于工作人员缺乏用电常识，未遵守用电管理制度，直接或通过导体间接触碰导电体，或由于某些原因导致电气设备外壳带电，无意触碰引发的事故。

本次共征集2012年—2021年粮食流通行业触电事故5起，我们选取了其中2起典型案例，从作业环节、作业环境、事故发生的原因（主要原因和间接原因）、应急救援等方面进行评价分析。

案例1

发生时间：2015年7月25日。

涉事企业：某企业直属库、某铝塑门窗厂。

伤亡情况：3人死亡、1人重伤。

事故经过：2015年7月25日，某铝塑门窗厂安排7名作业人员对仓房房檐进行包裹作业。上午11时许，作业人员完成了6号平房仓北侧房檐的包裹作业，决定把移动脚手架推到6号平房仓南侧再次进行作业。11时30分许，6名作业人员在将脚手架从库房北侧推到库房南侧过程中，脚手架触及10千伏高压线，导致3人触电当场死亡，1人受重伤，2人受轻伤。

事故原因

1. 直接原因

施工作业人员移动设备时，在未采取任何防护措施及没有专业人员现场指导、监护的情况下，将脚手架从库房北侧推到南侧，脚手架触及库房南侧10千伏高压线，发生触电，造成人员伤亡。

2. 间接原因

（1）某企业直属库虽对作业人员进行了入库前的安全教育，但未对安全风险进行交底。

（2）未对设备移动路线进行风险辨识，作业设备高出电力线路。

（3）未在高压线经过的危险区域设置安全警示标识，致使作业人员疏于防范。

（4）设备移动过程中无专人监护，未能及时提示安全风险。

违反规定

《粮库安全生产守则》（国粮储〔2016〕234号）

设备移动　移动前，作业部门应明确采用车辆牵引还是人工推移，落实移动路线，避开高压线、建（构）筑物，对移动路线上的临时用电线缆进行保护或拆除，将设备重心和高度降至最低点，检查移动轮，收好电缆线，收起支撑脚。移动中，必须设专人统一指挥，密切关注设备移动、人员状况和周围环境。

移动中，应保持方向，调头或横向移动应确保周围无电线或其他设施，避免碰刷。

事故原因关键词：未对设备移动路线进行风险辨识、设备触及电缆、作业现场无安全警示标识、设备移动无人监护。

事故定性：较大生产安全责任事故。

责任处理

某铝塑门窗厂现场负责人（实际控制人）田某，对事故发生负有主要责任，司法机关依法追究刑事责任。

某企业直属库主任、法定代表人，安全生产第一责任人，对事故发生负有责任，建议给予撤职处分。

某企业直属库负责仓房顶部换瓦施工管理的2名保管员，未履行安全生产管理职责，对事故发生负有一定责任，撤销其安全生产有关资格，同时给予党内警告处分。

案例2

发生时间：2019年6月22日。

涉事企业：某粮库有限公司。

伤亡情况：1人死亡。

事故经过：2019年6月22日下午3时50分，装卸队工人孙某，在从事攉粮装车出库作业期间，从粮仓西北角出粮口探身瞭望仓外车辆装粮情况时，手臂碰触到正在出粮的绞笼电机，突发触电事故当场死亡。事故发生时，该库正在对2015年临时储存玉米进行出库，事故死亡人员为临时外包作业单位工人，该作业单位资质证件不齐全。

事故原因

1. 直接原因

作业人员触碰漏电的绞笼电机。

2. 间接原因

（1）粮库违规允许经营资质证件不齐全的外包企业入库作业。

（2）绞笼电机无接地和漏电保护装置。

违反规定

《粮库安全生产守则》（国粮储〔2016〕234号）

（1）外包作业　必须严格执行外包作业人员审批制度，严禁外包作业人员擅自作业；粮库（油库）应建立外包作业单位和劳务人员管理档案。

外包作业单位应具备相应的经营资质或作业许可证。

外包作业前，粮库（油库）应组织对外包作业人员的安全交底，督促和配合外包作业单位对外包作业人员进行作业前培训，并做好培训记录和考核，外包作业人员应在安全交底或安全生产作业承诺书上签字。

（2）设备检修　应确保电气设备接地装置、漏电保护装置、过电流保护装置完好；电气设备接头、插座等不许出现裸露和松动。

事故原因关键词：作业人员触碰漏电设备、作业单位无资质。

事故定性：一般生产安全责任事故。

责任处理

涉事企业对死亡人员家属赔偿60万元。

案例启示和防范措施

从前述2起事故案例不难看出，作业人员安全意识淡薄、用电设备检修不及时、作业现场无人监护是事故发生的重要原因。

利用DLEC评价法，对该类事故危险源分析如表2-8所示。

依据《粮库安全生产守则》（国粮储〔2016〕234号），结合对典型事故的分析和实际作业情况，预防触电事故，有以下几点建议。

（1）加强安全检查，及时发现并排除隐患　粮库定期组织专业人员对配电箱等电力设施、电线和用电设备进行检查检测与检修，提前发现漏电、过载、短路、线路裸露等问题隐患，并采取措施进行排除。

（2）加强安全教育培训，组织安全技术交底　提高作业人员安全用电意识，告知作业中存在的风险、现场环境和作业安全要求，明确触电时的处置和救护方法。

表2-8　触电事故危险源危险等级评价表

案例编号	危险源	可能发生事故	危险评估				危险等级	防范措施
			L	E	C	D		
1	粮库内在设备频繁移动的路线上方设有高压线	设备移动触碰导电	1	3	40	120	三级	需要整改。在粮库建设期间，合理规划电力设施；已经存在的高压线路，影响安全生产时，协调电力部门更改线路位置；设备移动前，专人监护，避开高压线路
2	电器设备无接地和漏电保护装置	作业人员触碰导电	3	2	15	90	三级	需要整改。加大隐患排查力度，确保电器设备接地、漏电保护、过电流保护装置完好

（3）落实各项制度，加强临时用电作业的管理　制定临时用电作业方案和应急处置预案，落实临时用电分级审批制度；明确作业现场负责人和监护人员；作业现场设置安全警戒区域和标志，提示非作业人员禁止靠近；临时用电执行挂牌、上锁和摘牌、解锁；严格执行“一机一闸”，严禁“一闸多控”。

（4）加强设备移动时的风险辨识，防止设备触碰电线　移动设备前，先要对移动设备时途经的路线进行勘察，如有低于设备的电线，应重新选择路线，防止发生触电事故。

八、火灾事故

粮食发生火灾时，具有堆垛表面蔓延扩大、堆垛内部易造成阴燃等特点。出现火灾的原因主要有以下几种：一是电气线路负荷过大，接头接触电阻过大，引起线路发热，使其附近的可燃物燃烧；二是设备中局部部件摩擦起热引发火灾；三是现场可燃物堆积；四是用于熏蒸杀虫的磷化铝使用不当，发生火灾；五是外来火种的引入。

本次共征集2012年—2021年粮食流通行业火灾事故4起，我们选取了其中1起典型案例，从作业环境、作业环节、事故发生的原因（直接原因和间接原因）、救援工作等方面进行评价分析。

案例1

发生时间：2013年5月31日。

涉事企业：某企业某直属库。

伤亡情况：无伤亡，80个粮囤、揽堆过火。

事故经过：2013年5月31日4时许，某企业某直属库力工队长黄某带领32名员工，按照粮库副主任于某的要求，进行粮食攒堆作业。其中员工陈某、闫某2人在12号砖混储位附近的“林LC临时01”号临时储位与“林LC临时02”号临时储位之间的地面，负责操作皮带式输送机向“林LC临时02”号储位上方输送玉米，配合粮堆上方的赵某等14人进行攒堆作业。12时许，作业人员分班吃饭后，继续进行“林LC临时02”号储位攒堆作业。13时15分左右，“林LC临时02”号粮堆上方的赵某发现，地面上操作皮带式输送机的陈某身后“林LC临时01”储位苫盖玉米堆的苇栅着火，随即呼叫他人施救。同时，电话通知本单位消防车实施灭火救援。粮库副主任罗某接到火警报告后，带领60余人展开扑救，同时打电话报警。受当日高温、大风极端恶劣天气影响（据当地气象局记录，当日气温最高达35.4℃，风速最高18.5m/s，风力8级），“林LC临时01”号玉米堆的火势随风力顺势蔓延，大火引燃其他79个粮囤、揽堆货位的苇制苫盖物，形成连营火灾。接到事故报警后，县公安消防大队出动6台消防车，于13时38分赶到现场进行扑救，并向市消防支队和临近县区、厂矿消防队发出增援请求。随后，4支主要消防队伍、

24台车辆、109名消防官兵、150名民兵陆续赶到现场控制火势。经过紧急救援，16时30分大火被扑灭。

事故原因

1. 直接原因

作业过程中，皮带式输送机在振动状态下电源导线与配电箱箱体孔洞边缘产生摩擦，导致电源导线绝缘皮破损漏电并打火，引燃可燃物苇栅和麻袋，并蔓延至其他79个粮囤、揽堆货位的苇制苫盖物。

2. 间接原因

（1）某直属库安全生产主体责任不落实，作业现场安全管理混乱，在恶劣天气条件下违章指挥作业人员进行运粮和攒堆作业。

（2）安全投入不足，未按规定设置漏电保护装置，漏电时未能自动断电，且重要防火区域电线电缆未进行穿管保护。

（3）不重视火灾预防工作，新建临时储位没有消防管网和消防栓等消防设施，储位之间没有采取物理隔离，未增大消防水池容量，仅有的一台消防车处于缺油、缺水状态，致使初期火灾没能得到有效控制。

（4）隐患排查整改不力，未及时发现和更换老化的用电线路，未发现和解决配电箱穿线孔无防摩擦保护胶套的问题。

（5）粮库主要负责人和安全管理人员未参加安全培训，作业人员入库前也未进行安全教育培训，更未参加消防安全培训。

（6）应急救援能力不强，未进行具有针对性的防火应急演练。

违反规定

《粮库安全生产守则》（国粮储［2016］234号）

（1）粉尘爆炸预防及处置　粮库必须按规范、标准使用防爆电气设备，落实防雷、防静电等措施，保证设施设备安全有效接地，严禁作业场所存在各类明火和违规使用作业工具。

粮库应保证仓房及设备泄爆装置安全有效。应定期检查和维护粉尘爆炸危险场所的电气设备和防爆装置，确保设备和装置完好。

（2）设备检修　必须严格执行设备检修分级审批制度，严禁擅自开展设备检修。应确保电气设备接地装置、漏电保护装置、过电流保护装置完好；电气设备接头、插座等不许出现裸露和松动。

事故原因关键词：未及时更换老化线路、漏电引发火灾、恶劣天气作业火势迅速蔓延、消防应急能力弱丧失最佳救援时机。

事故定性：生产安全责任事故。

责任处理

某企业直属库维修班电工、维修班班长、综合办主任、库副主任、库主任等6人，移交司法机关处理。

案例启示和防范措施

2012年—2021年发生的4起火灾事故，均未造成人员伤亡，因此不做DLEC评价。

依据《粮库安全生产守则》（国粮储〔2016〕234号），结合对典型事故的分析和实际作业情况，预防火灾事故有以下几点建议。

（1）加强作业环境分析，消除火灾隐患　动火、用电、烘干、熏蒸等作业过程中，加强作业现场监护，严格遵守操作规程，及时消除安全隐患，纠正违章作业行为。

（2）加强教育培训，提高防范能力　粮库要加强防火教育，定期组织消防培训，加强消防应急演练，提高防火意识和救灾能力。

（3）落实主体责任加大投入，提升消防应急能力　加强应急消防队伍建设，提高火情初始阶段应对能力；加强消防设施设备投入，定期对消防设施设备进行检查和测试，确保常态保持应急救援状态。

第三章

生产安全事故主要因素分析

本章主要从人的不安全行为、物的不安全状态、环境不安全条件、管理上的缺陷四个方面对事故案例进行分析。

以2012年—2021年粮食流通行业86起生产安全事故为基础，以事故发生原因、发生环境、违反规定、事故后果等多个角度，选出23起典型案例作为分析对象，其中粮堆埋人事故8起、中毒窒息事故3起、高处坠落事故4起、仓房倒塌事故2起、触电事故2起、机械伤害事故2起、车辆伤害事故1起、火灾事故1起。

一、分析内容

厘清事故发生经过，对照《粮库安全生产守则》（国粮储〔2016〕234号）、《粮食仓库安全操作规程》（LS 1206—2005）等相关规定，判断操作环节是否违规，并列出违规条款，发现共性问题和个性问题，加以整理归纳，总结防范经验。

二、分析方法

本书主要对生产安全事故发生的以下四个因素进行分析。

（1）人的不安全行为　安全意识差、忽视安全操作规章、违反作业操作规程、存在侥幸心理、盲目施救等。

（2）物的不安全状态　电气无保护接零或接地漏

电、设备设施设计不合理、施工质量差且未经论证使用、个人防护设备不符合要求或使用不当、设备置地不稳有倾倒风险等。

（3）环境不安全条件　生产岗位不固定、作业环境存在安全隐患（包括不稳定粮面、缺氧窒息中毒、粉尘爆炸、恶劣天气、库内高压电线等）。

（4）管理上的缺陷　作业前未进行安全培训和交底、未设置警示标识、安全检查不到位、安全隐患排查不及时、作业现场安全监管不力等。

三、分析结果

2012年—2021年，粮食流通行业生产安全事故呈现递减的趋势。但由于我国人口较多，粮食流通量持续高位运行，粮食流通行业安全生产仍然面临很大压力，特别是随着粮食流通主体的日益多元化，全社会粮食仓储设施建设规模不断扩大、机械化作业程度大幅度提高，安全生产出现了新的特点，面临新的挑战，粮食流通行业事故仍时有发生。

现以86起事故案例为依据，按照事故类别分别分析和梳理，发现存在的共性问题和个性问题，从而发现问题本质，杜绝事故发生，创新安全管理机制，甚至形成行业统一管理标准，大幅减少或杜绝事故发生。

（一）粮堆埋人事故

粮堆在外力和重力作用下，超出粮堆自身极限强度的破坏成因，导致结构稳定失衡塌落，可造成人员滑入、跌落粮堆或被冲出、掉落的粮食掩埋，从而发生人员伤亡的事故。

1. 粮堆埋人事故特点

（1）发生率较高　2012年—2021年，粮堆埋人事故发生46起，占事故总量的53%。粮堆埋人事故品种涉及稻谷、小麦、玉米和大豆，事故发生仓房有平房仓、立筒仓、浅圆仓、罩棚仓、烘干塔，事故发生在粮食出库、清理结拱（挂壁）作业中较多。

（2）发生过程持续时间短　根据研究发现，人一旦陷入粮堆，11秒就会被完全掩埋。

（3）人员生还概率低　前述46起事故共造成68人死亡、5人受伤，生还率为7%。

（4）容易造成群死群伤　在前述46起粮堆埋人事故中，有12起事故造成2人及以上死亡，覆盖率为26%。

2. 生产安全事故主要因素分析

粮堆埋人事故典型案例基本情况见表3-1。

对照《粮库安全生产守则》（国粮储〔2016〕234号）的规定，对案例中生产安全要素进行分析，找出导致粮堆埋人事故发生的主因和次因如下。

（1）人的不安全行为　通过表3-1可以发现，伤亡人员以非企业员工（临时工、外包人员）为主。非企业员工受外包公司派遣频繁，作业内容和场所不固定，对存在的安全隐患不知情，作业时未佩戴防护设备，安全意识缺乏。

在前述8起典型案例中，违规作业和未佩戴安全防护设备，成为导致事故发生的共同原因，其中违规作业：案例8“拆除挡粮板作业”违反了“先关闭出粮闸口，再拆除挡粮板”规定；案例7“规整码垛”作业中违反了“严禁擅自处置作业”规定；案例3“处置结拱”，案例5“处置挂壁”，案例4、案例6“清理排堵”作业违反了“严禁擅自处置作业”“严禁站立粮面处置”规定；案例2“设备检修”违反了“严禁擅自开展设备检修”规定。

（2）物的不安全状态　如案例1中，挡粮板因固定装置设计不合理，衔接处施工质量较差，导致断裂，粮食外溢，粮堆垮塌，物的不安全状态加剧了环境不安全因素，导致事故发生。

表3-1 粮堆埋人事故典型案例基本情况

案例编号	事故发生仓型	作业类别及环节	粮堆类型	事故形式	伤亡人员类别	发生原因					
						是否制定或分级审批作业方案	是否开展作业前安全培训	是否佩戴安全设施开展作业	是否违反作业流程或规定	是否存在施工质量问题	是否存在施救不当
1	平房仓	粮食入库-平仓	散装玉米	粮食外溢	企业员工、非企业员工	否	否	否	否	是	否
2	烘前仓	设备检修	冻结玉米	粮食坍塌	企业员工、非企业员工	否	否	否	是	否	否

3	浅圆仓	粮食出库-处置结拱	散装小麦	粮食塌陷	非企业员工	否	否	否	是	否	否
4	罩棚仓	粮食出库-清理防堵	散装玉米	陷入粮堆	非企业员工	否	否	是	是	否	是
5	立筒仓	清理挂壁	不详	粮食塌落	非企业员工	否	否	否	是	否	否
6	平房仓	粮食出库-排堵	散装大豆	粮食塌陷	不详	否	否	否	是	否	否
7	平房仓	问题整改-规整码垛	包装大米	码垛倒塌	企业员工、非企业员工	否	否	否	否	否	是
8	平房仓	粮食出库-拆除挡粮板	散装小麦	陷入粮堆	非企业员工	否	是	否	是	否	是

注：表中情况根据各省报送材料梳理汇总录入。

（3）环境不安全条件　粮堆埋人事故中，人员作业处于粮食周边，粮食流动、悬空、高处堆放等均存在安全隐患。而人的不安全行为，导致粮食加快流动、粮堆松动等，增加作业环境的不确定性、复杂性和危险性。

（4）管理上的缺陷（安全管理不落实）　8起粮堆埋人事故典型案例中，仅有案例5中有作业前安全培训交底；在开展各项作业前，均未按照要求制定或分级审批作业方案；相关材料中，所有作业均无安全督导具体描述，是否落实不详。案例1在装粮前，常态化安全隐患日常排查不落实，没有发现挡粮门固定装置设计不合理、施工不牢固，仍满仓存放散落性较强的玉米，挡粮门受力超负荷断裂，导致悲剧发生。

3. 分析概括

由于日常安全管理不落实（作业未分级审批、安全督导不力、作业前未开展培训等），作业中多次出现人的不安全行为（违规作业、不佩戴安全防护设备等）或物的不安全状态（挡粮板设计不合理等），为环境不安全提供了先决条件（加快粮食流动、造成粮堆坍塌等），从而导致事故发生。

4. 造成粮堆埋人事故安全要素主次排序

人的不安全行为>管理上的缺陷（安全管理不落

实）>物的不安全状态>环境不安全条件。

（二）中毒窒息事故

为抑制霉菌、虫害等生长繁殖，确保粮食储存安全，一般采用磷化铝药剂释放磷化氢对密闭仓内粮食进行熏蒸。磷化氢可由呼吸道吸入人体造成中毒。

熏蒸投药操作时未佩戴正压式空气呼吸器或佩戴的空气呼吸器失效、面罩导气管气密性不好，导致防护效果不佳；粮面投药方式不正确、投药量过大，导致磷化氢气体浓度过高；熏蒸完成后，散气不彻底，人员贸然进入。以上几种情况，均有可能造成中毒。

现有仓型气密性较过去有很大提高，人员进入这些场所前未检测内部氧气含量，在缺氧条件下进入可能出现人员窒息事故。

1. 中毒窒息事故特点

（1）危险源肉眼不可见　多为气体浓度超标或较低，对可能造成中毒或窒息的危险不能肉眼发现，一旦构成危险很难采取有效措施防范。

（2）容易盲目施救扩大伤亡　事故发生后，施救人员潜意识进入救援，不能意识到有毒气体存在。案例1、案例2中，均存在发生事故后，因盲目入仓施救，造成伤亡进一步扩大的问题。

（3）熏蒸和有限空间作业事故人员生还概率低　前述3起典型事故案例中，伤亡的10人仅有一人为受伤，生还率较低。

（4）容易造成群死群伤　前述3起典型事故案例伤亡人数均在2人及以上，其中2起是因盲目施救导致的。

2. 生产安全事故主要因素分析

（1）人的不安全行为　具体表现在进入有限空间作业前，未落实“先通风、再检测、后作业”工作流程、盲目施救。

（2）物的不安全状态　具体为不适用的防毒面具。粮食仓储、加工企业禁止使用自吸过滤式防毒面具，《粮库安全生产守则》中要求佩戴空气呼吸器，国家粮食和物资储备局制定的《粮食仓储企业安全生产作业指南》（国粮办应急〔2023〕120号）中要求佩戴正压式空气呼吸器。

（3）环境不安全条件　肉眼不可见的高浓度有毒气体。

（4）管理上的缺陷（安全管理不落实）　安全教育和培训不到位，熏蒸和散气方案未报批、应急预案不健全、缺乏应急救援演练等。

3. 分析概括

作业环境存在着巨大的不安全因素（毒气），人的不安全行为（擅自作业、未监测进仓等）不能被及时发现，采用了不适用、不安全的“物”（明令禁止的过滤式呼吸面罩），不能采取有效防范措施消除安全隐患。事故发生后，由于日常安全管理不落实（缺乏应急救援演练），盲目施救，导致事故扩大。

4. 造成中毒或窒息事故安全要素主次排序

环境不安全条件>人的不安全行为>物的不安全状态>管理上的缺陷（安全管理不落实）。

（三）高处坠落事故

作业人员在高处作业时发生意外坠落可造成此类生产安全事故。

1. 高处坠落事故特点

（1）存在侥幸心理　安全意识淡薄，认为登高作业不会出事，不佩戴安全防护设备，冒险作业。

（2）存在视野盲区　在作业过程中，人员专注于作业，没有注意到身边的危险源。

2. 生产安全事故主要因素分析

（1）人的不安全行为　不佩戴安全防护设备（安

全绳、安全帽等），或安全绳未系牢在固定设施上。

（2）物的不安全状态　无。

（3）环境不安全条件　高处。

（4）管理上的缺陷（安全管理不落实）　不落实高处作业分级审批、未将危险源向作业人员交底、高处作业场所无安全警示标识、现场安全监护不力。

3. 分析概括

作业环境存在着巨大的不安全因素（高处），由于人的不安全行为（擅自登高作业、擅自翻越护栏、不佩戴安全防护设备等），且安全管理不落实（未进行安全交底、无警示标识、安全督导不力等），导致事故发生。

4. 造成高处坠落事故安全要素主次排序

环境不安全条件>人的不安全行为>管理上的缺陷（安全管理不落实）。

（四）仓房坍塌事故

仓库在设计或后期改造中存在不合理现象，且未经具有资质的单位论证装粮极限强度，在外力的作用下倒塌可造成生产安全事故。

1. 仓房坍塌事故特点

（1）不可预见性　作业人员对建筑结构的安全隐患不了解，擅自作业时可能导致事故发生，不可预见。

（2）容易造成群死群伤　前述2起典型事故案例中分别造成伤亡5人和3人。

2. 生产安全事故主要因素分析

（1）人的不安全行为　擅自在建筑周边开展深挖作业、改造仓库结构且不加论证装粮。

（2）物的不安全状态　无。

（3）环境不安全条件　未经论证装粮的仓库，如案例2中的369号仓，擅自改变仓库结构，未委托相应资质设计单位论证。

（4）管理上的缺陷（安全管理不落实）　安全隐患排查不及时、作业现场安全监护不力等。

3. 分析概括

人的不安全行为（擅自作业、改造仓库结构）提供了环境不安全条件，加上安全管理不落实（安全隐患排查不及时、作业现场督导不力），导致事故发生。

4. 造成仓房坍塌事故安全要素主次排序

人的不安全行为>环境不安全条件>管理上的缺陷（安全管理不落实）。

（五）触电事故

触电往往是由于工作人员或外来人员缺乏用电知识或在工作中不注意，未遵守用电管理制度直接触碰导电体，或由于某些原因使电气设备绝缘受到破坏，未及时检查发现导致设备外壳带电从而引发的事故。

1. 触电事故特点

（1）危险源肉眼不可见　对于漏电等隐患不能肉眼发现，不能采取有效防范措施。

（2）影响事故因素复杂　用电线路未设短路、过载、漏电保护装置，使用有缺陷的电气设备，触及未接地的电气设备、开关或老化裸露电线（如电机导线破损，使外壳带电；配电箱（柜）接地线失效，造成漏电现象）。在检维修作业方面，未严格执行断电程序，带电违规作业。在临时用电方面，未经批准，由非专业电工擅自接线取电。绝缘用品未按时校验，使用失效的绝缘手套、绝缘鞋、验电器造成触电。

2. 生产安全事故主要因素分析

（1）人的不安全行为　前述案例1中电力电缆线路作业未报电力部门、违规开展设备移动作业。

（2）物的不安全状态　前述案例2中电器设备漏电。

（3）环境不安全条件　前述案例1中环境中高处有高压线。

（4）管理上的缺陷（安全管理不落实）设备检修不力、日常安全检查不落实、现场作业无安全警示标识、无作业监护人员。

3. 分析概括

安全管理不落实（设备检修不力、无安全警示标识、无专人监护等）形成了不安全环境条件（高处有高压线）和物的不安全状态（设备漏电），导致事故发生。

4. 造成触电事故安全要素主次排序

管理上的缺陷（安全管理不落实）>环境不安全条件>物的不安全状态>人的不安全行为。

（六）机械伤害事故

粮库使用设备种类和数量繁多，有皮带输送机、提升机、风机、刹克龙、除尘器、磁选器、自动称量设备、粮情处理成套设备、关风器、各类控制仪表、阀门、插板等，在操作使用、排除故障过程中，容易发生机械伤害事故。

1. 机械伤害事故特点

粮食流通行业机械伤害事故均为机械设备倾倒伤

人，故不作特点分析。

2. 生产安全事故主要因素分析

（1）人的不安全行为　擅自进入作业区域、违规开展设备维修。

（2）物的不安全状态　移动式设备不平稳。

（3）环境不安全条件　无。

（4）管理上的缺陷（安全管理不落实）　作业现场无安全警示标识、安全监护不力。

3. 分析概括

物的不安全状态（设备倾斜等），人的不安全行为（擅自进入作业区域、作业人员违章作业），加上安全管理不落实（无安全警示标识、监护不力），导致事故发生。

4. 造成机械伤害事故安全要素主次排序

物的不安全状态>人的不安全行为>管理上的缺陷（安全管理不落实）。

（七）车辆伤害事故

粮库内机动车辆作业，有可能发生对人员碰撞、碾压，或对设施设备剐蹭的事故。

1. 车辆伤害事故特点

仅有1起典型事故案例，故不作特点分析。

2. 生产安全事故主要因素分析

（1）人的不安全行为　擅自驾驶他人车辆。

（2）物的不安全状态　无。

（3）环境不安全条件　无。

（4）管理上的缺陷（安全管理不落实）　安全督导不力、倒车无人指挥。

3. 分析概括

安全管理不落实产生人的不安全行为（无指挥人员倒车），导致事故发生。

4. 造成车辆伤害事故安全要素主次排序

人的不安全行为>管理上的缺陷（安全管理不落实）。

（八）火灾事故

粮食发生火灾时，具有堆垛表面蔓延扩大、堆垛内部易造成阴燃等特点。

1. 火灾事故特点

近十年来，粮食流通行业仅征集到1起损失较大火灾事故，不作特别分析。

2. 生产安全事故主要因素分析

（1）人的不安全行为　操作电器设备不当，导致电线绝缘皮破损。

（2）物的不安全状态　电线漏电打火引燃易燃物品等。

（3）环境不安全条件　大风、高温等恶劣天气。

（4）管理上的缺陷（安全管理不落实）　设备检修不及时、恶劣天气违规作业、灭火栓等防火设施不齐全及设置不合理、消防设施设备未处于应急状态。

3. 分析概括

人的不安全行为（操作电器设备不当）导致物的不安全状态（电线破损漏电打火），加上环境不安全因素（大风、高温等恶劣天气）导致火灾发生，由于安全管理不落实（设备检修不及时、消防栓等防火设施不齐全及设置不合理、消防设施设备未处于应急状态），导致不但未能防止火灾发生，而且火灾发生后也未能第一时间有效救援。

4. 造成火灾事故安全要素主次排序

人的不安全行为>物的不安全状态>环境不安全条件>管理上的缺陷（安全管理不落实）。

附 录

附录一　粮库安全生产守则

（国粮储〔2016〕234号）

第一章　粮食进出仓

1. 安全检查

粮仓必须由相应资质单位设计。粮仓应制作和安装粮仓设计说明标牌，标明粮仓的设计单位、年份、储粮品种、储存形式、装粮高度、仓容、使用年限等，用于指导和检查储粮，严禁超限装粮。粮仓第一次装粮应按设计要求进行压仓实验。非经相应资质单位设计的粮仓，必须委托相应资质设计单位论证是否符合结构安全和储粮工艺的要求，严禁不经论证直接储粮。超过设计结构使用年限的粮仓，必须委托相应资质的房屋鉴定机构进行鉴定，根据鉴定结论确定能否继续装粮。

粮仓装粮前或日常检查，应检查仓顶有无漏水，仓房墙壁、地面有无裂缝，地面有无沉降，门窗有无损坏，扶梯等附属设施是否完好；应检查钢板仓防锈漆是否剥落，检查螺栓、垫片等是否松动，检查与土建相连的支座部位有无异常，地面有无沉降。如有异常，须进行有效处置。

油罐装油前或日常检查，应检查油罐焊缝是否完好，罐顶盖、人孔、测量孔、通气孔等是否正常，罐底螺栓有无松动，垫片是否完好，罐区、管线阀门施封情况是否牢靠。如有异常，须进行有效处置。

2. 作业机动车辆

粮库应按要求设置交通指示标识，驾驶员应严格按库内交通指示标识行驶，严禁携带火柴、打火机等火种入库；机动车在粮库道路行驶限速10公里/小时，车辆上下地磅、生产作业区行驶、倒车限速5公里/小时，严禁超速行驶；严禁剐蹭仓储设施；车辆行驶时，严禁作业人员在车上作业；严禁铲车、叉车载人。

驾驶员应听从粮库管理人员的指挥，严格按照指定路线行驶，严禁驶入粮库非指定区域自行装卸，严禁驾驶员进入，禁止驾驶员赤脚、赤身、穿拖鞋、穿凉鞋等不安全行为。

人工扦样或接发油时，应配安全扶梯，穿防滑鞋，防止跌落。同时，严禁作业车辆移动。

机动车辆过磅时，应直线行驶并停在秤台中心，缓刹车停稳后并制动手刹，发动机必须熄火。

机动车辆装、卸车前，应放好车轮停位器，以防车辆移动伤人。作业人员应检查作业空间、车辆、设备、设施状况，确认无安全隐患后方可作业；液压翻板周围应设置警戒线，严禁非作业人员进入警戒区。卸粮时，应有专人指挥，严禁卸粮坑、车辆及液压翻板上站人。严禁车辆偏载或超载。自卸车应在车斗完全复位后，方可移动车辆。

机动车辆倒车时，必须有人指挥，指挥人员必须站在车辆的侧后方并与车辆保持安全距离，严禁站立在车辆可能行驶的轨迹上。

铲车作业时，严禁人员站在驾驶室外的踏板处指挥作业。

作业区域内，严禁非作业停车和无关人员逗留。

粮库仅在库区使用的自备车必须定期检验，保证车辆安全合格；驾驶员必须持有相应的机动车驾驶合格证。

3. 粮仓清理

清理平房仓时，作业人员应开启仓房门窗或排风扇；清理浅圆仓、立筒仓前，作业人员应检查并确认通风换气系统运转正常，并在运行10分钟后开始清扫。清理浅圆仓、立筒仓的上下通廊和工作塔时，严禁使用压缩空气吹扫灰尘。

清扫仓房时，作业人员应佩戴防尘口罩。灰尘较多时，应采取负压或湿式作业等措施，防止粉尘飞扬及二次扬尘；灰尘较少时，可采用普通清扫方式。

4. 粮食烘干

作业人员应佩戴安全帽。在烘干塔及露天堆场周围应设置安全警示周界，严禁非作业人员进入现场。现场必须配备消防器材及设施。烘干机周围严禁堆放各类易燃品。

初始烘干时，应保持烘干机内粮食流动，严禁长时间闷塔。突然断电时，应打开紧急排粮门排粮，防止塔内煳粮和着火。

燃油、燃气炉在不同季节使用的燃料，必须按说明书的规定执行，严禁使用非雾化燃油；燃烧器燃烧时，严禁往油箱加油。

烘干机进出粮的水分监测装置、进出风温度监测及调节装置、料位控制等完整有效，烘前仓（烘后仓）

上下料位完整有效。

粮食入烘前仓前应进行清理，烘前仓入粮应与烘干作业同步，随进随烘。禁止烘前仓进完粮后再烘干，以防烘前仓结拱；烘干作业期间，严禁人员进入烘前仓和烘后仓。

应每月检查换热器，防止换热器破损将火种随热风管进入烘干塔内；使用燃煤或生物质热风炉时，应每半月或每周清理燃烧炉的沉降室和换热器中烟气侧的灰尘；烘干机使用30天内必须清理烘干塔一次。

5. 卸粮

烘干系统卸粮、工作塔卸粮坑卸粮、铁路专用线卸粮坑卸粮，生产部门应在卸粮作业区设置警戒线和标识。

烘干系统地沟卸粮时，严禁非作业人员进入作业区，严禁作业人员擅自进入粮堆。作业人员处理板结的粮堆时，应做好监护，防止人员跌落进粮口被粮食掩埋。夜间作业时，作业人员工作服上应设置反光警示标识。

工作塔卸粮坑（液压翻板卸粮、汽车自卸）卸粮时，严禁非作业人员进入卸粮作业区域；牵引火车时，严禁人员进入专用线卸粮坑作业区域；所有进粮口必须安装合格的钢格栅，并设置安全警示标识。

6. 平整粮面

平整粮面前，粮库带班负责人应对作业人员进行岗前培训和安全交底，并提出平整粮面作业要求；作业人员应先开启仓房排风扇或窗户。

平整粮面时，应安排不少于2人同时作业，并在仓门或进人口安排专人监护。作业人员应佩戴防尘口罩，必须从粮堆顶部自上而下摊平粮食，严禁站在粮堆低凹处摊平粮食。

平整粮面时，应在粮食入仓达到预定数量后平仓。粮面高差较大时，作业人员应防止跌落粮堆被粮食掩埋。

7. 出粮口排堵

出仓过程中，出粮口堵塞或出粮不畅时，应执行出粮口排堵作业应急预案，严禁擅自入仓排堵。

出粮口排堵应优先采用仓外作业排堵方式，作业人员开大闸门，利用长杆通过出料闸门、扦样孔、排堵孔等扰动粮堆，实施排堵。对于有多个出粮口的粮仓，应先从未堵塞出粮口出粮，但应严防不对称出粮。

对于立筒仓和浅圆仓，可在仓底设计安装空气炮清堵器用于排堵。

8. 粮食结拱（挂壁）处置

必须严格执行粮食结拱（挂壁）处置作业分级审批制度，严禁擅自进行处置作业。

粮食出仓前，仓储部门应先检查粮面是否结顶，如有，应进行处理；出仓中，发现仓内粮食结拱（挂壁）时，作业人员应先报告出仓作业现场负责人。

对于粮食有结块现象的立筒仓或浅圆仓，严禁一出到底。作业人员应在粮面每下降1米左右时，先关闭出仓闸门，后进入仓内检修平台观察粮面，如发现明显挂壁或结块露出粮面，在保证安全前提下，入仓清理露出粮面的结块或壁挂，防止结块粮形成高耸柱状，或挂在仓壁高处，甚至形成大规模结拱。作业人员及作业工具全部出仓后，再开启闸门出粮。

平房仓挂壁时，作业人员利用长杆或高空作业车处置；立筒仓挂壁时，作业人员必须通过仓顶吊篮入仓利用长杆等措施处置；浅圆仓挂壁位置较低时使用装载机处置，较高时通过高空作业车处置。严禁作业人员位于挂壁下方作业，以防挂壁坍塌砸伤或掩埋作业人员。

立筒仓结拱时，应通过向立筒仓入粮，或作业人员通过仓顶吊篮入仓利用长杆等措施进行处置，还可通过向烘前立筒仓吹热风进行处置；浅圆仓结拱时，应通过向浅圆仓入粮，或开启浅圆仓挡粮门等方式进行处置。严禁作业人员站立粮面进行处置。

处置作业结束后，作业人员必须全部撤出仓外，移出全部工具和设备。

9. 平房仓挡粮板拆卸

仓储部门应研究和制订平房仓挡粮板拆卸方案，严禁作业人员擅自入仓拆卸挡粮板。

拆卸挡粮板时，应优先采用仓外作业方式。作业人员应不少于2人，且应将安全带有效系在系留装置上，通过移动升降机或扶梯拆卸挡粮板。

出仓作业时，作业人员应先关闭挡粮板上出粮口闸门，在粮面稳定的前提下，逐一拆除粮堆以上的挡粮板，严禁拆除粮堆以下的挡粮板。作业人员出仓并带出全部工器具后，方可开启闸门继续出粮。

作业过程中，如发现粮面流动，作业人员应立即停止作业并迅速撤离至安全地点。

粮食出仓作业过程中，如出现粮堆埋人，作业人员应立即关闭出粮闸门并报告现场负责人，现场负责人立即组织紧急救援。

第二章　粮食简易仓囤

10. 简易囤

简易囤选址应有利于防汛，地面应平整，基础应满足装粮后承载力要求；简易囤应由符合资质要求的单位设计和建造；每组简易囤不应超过5000吨，组间距应大于25米。简易囤应安装有效的避雷装置。

粮食入囤前，应对粮囤的内外结构进行安全检查，检查各焊接口、入粮口及安全爬梯是否焊接牢固，检查囤身是否倾斜，防潮防雨性能是否完好等，确认安全后方可入粮。进粮作业应从简易囤中心入粮，严防偏心装粮。

出粮时，应采用对称出粮口同时出粮，严禁偏心出粮，以防偏载造成倒塌。初始出粮50～60吨后，应换另外一组对称出粮口出粮，避免囤身出现倾斜倒塌。后续出粮时，应及时根据囤内粮食情况调整出粮口。出粮后，人员进入囤内清理资材应系安全绳，且不少于2人。

应定期检查简易囤，如出现胀囤、倾斜等现象时，应在保证安全的前提下，立即实施倒囤或重新制装囤，严防简易囤坍塌；简易囤出粮后，应采取有效措施，防止大风将简易囤吹倾斜或倒伏。

11. 罩棚

罩棚内既可以用麻包袋装粮码垛包储，也可以围包散储，本节主要介绍围包散储。仓储部门应先制订作业方案；必须用合格麻袋堆码挡粮墙，麻袋装粮三分之二，以平放高度17厘米左右为宜，四角和过道等关键部位及外层麻袋必须缝口；严禁使用塑料编织袋装粮作挡粮墙。

围包散储装粮高度不应高于5米；挡粮墙3.5米以下部分应采用三横一竖、每层错位堆码麻袋墙；3.5米以上部分可采用两横一竖，并确保挡粮墙堆码整齐；转角处挡粮墙，码放必须层层错位咬死，严防胀开。麻袋口应朝内堆叠。严禁使用塑料布等易滑资材铺垫在麻袋墙底层。

移动钢制爬梯（带扶手）应安全可靠。采用麻袋码放的爬梯，应确保牢固可靠。

仓储部门应定期检查粮堆周围，如发现胀垛、坍塌、漏粮等情况，应及时处置；拆粮堆时，应先从粮堆顶部拆挡粮墙，严禁人员进入粮面。拆包与出粮同步，严禁出完粮食再拆挡粮墙；严禁在围包散储粮堆周边从事影响粮堆安全的施工作业。

12. 钢结构散装房式简易仓

钢结构散装房式简易仓必须由符合资质要求的设计单位设计并通过施工图审查；必须由符合资质要求的施工企业建设；必须在竣工验收合格后方可进行装粮压仓试验。严禁超设计装粮线装粮；严禁把钢结构罩棚当散装仓或违规改造成散装仓装粮；严禁机动车辆和机械输送设备剐蹭、碰撞钢结构散装房式简易仓。

第三章 熏蒸和气调

13. 药剂管理

应严格执行化学药剂“五双”管理；药品库应安装防爆排气扇和防爆灯具，人员进入前应先开启排气扇，佩戴安全防护器具，并用便携式报警仪检测有害气体浓度。

粮库应将购买药剂情况报上级单位；药剂入库时，管理人员应填写《药剂入库单》；药剂应存放在高于地面0.2米以上的空间，不同种类的药剂应分别存放，液体和固体药剂应隔离存放。

领取药剂时，必须先填写《药剂领用单》，按程序审批后方可出库；领用人员应不少于2人；领用前后应及时登记药剂台账。使用后的药剂空瓶空罐要及时收回药品库，统一按照规定销毁处理。

14. 熏蒸

必须严格执行熏蒸作业审批制度，严禁擅自开展熏蒸作业。施用空仓杀虫剂和粮食熏蒸剂，仓储部门必须制定空仓杀虫作业方案和粮食熏蒸作业方案，经粮库负责人批准，并报所在地粮食行政管理部门备案后方可实施。严禁使用非储粮化学药剂和超剂量使用储粮化学药剂杀虫。

实施空仓杀虫和粮食熏蒸，仓储部门负责人应安排不少于2名作业人员同时作业，同时应安排1名监督警戒人员站在仓门或仓口位置，保证观察到所有作业人员。作业人员应具有相应职业资格，佩戴安全有效的防护用具。施用空仓杀虫剂，每人每次不应超过90分钟，每人每天不应超过3小时。磷化氢熏蒸杀虫时，每人每次不应超过30分钟，每人每天不应超过2次。

在分药、投药、熏蒸、散气和药渣处理过程中，作业人员必须佩戴空气呼吸器，穿工作服，戴橡胶手套；清理药渣不少于3人，药渣应按国家规定进行无害化处理；空气呼吸器的储气瓶应按国家规定进行检定。

开启磷化铝瓶盖时，人员应位于上风向。在粮面使用磷化铝片剂、丸剂、粉剂熏蒸时，应放置在直径30～50厘米的药盘中，药盘应由阻燃材料制作，如铁盘、铝盘或瓷盘等。

使用磷化氢空仓杀虫、粮食熏蒸及散气期间，应在距离粮仓至少20米处设置安全警示标识和警戒线；使用非磷化氢空仓杀虫及散气期间，应在仓门设置安全警示标识。值班人员应加强巡查。

房式仓、筒式仓熏蒸通风散气后，作业人员必须检测仓房中的磷化氢和氧气浓度，磷化氢浓度小于0.2毫升/立方米和氧气浓度不小于19.5%时，方可进入。否则，必须佩戴空气呼吸器。

钢结构散装房式简易仓、钢罩棚和简易囤熏蒸时，应在四周覆盖帐幕，并在帐幕上加盖防风网罩或防风固定绳。覆盖前，要对帐幕进行检查，发现孔洞及时修补。散气时，熏蒸人员应戴空气呼吸器，先揭开帐幕一边，0.5小时后揭起其他部位的帐幕，1小时后卸下帐幕，通风散气24小时。

熏蒸前，安全员应清点人数，做好记录；作业人员应仔细检查所用空气呼吸器是否安全有效；熏蒸结束时，安全员负责清点人数，查明进仓人员已全部出仓后，方可封门。

磷化氢熏蒸前后，作业人员禁止饮酒及吃牛奶、鸡蛋和其他油脂食品；作业人员在熏蒸过程中感觉身体不适，应立即停止作业。

禁止在夜间和大风、雨天、雷电等情况下进行熏蒸和散气。

15. 气调

必须严格执行气调作业审批制度，严禁擅自开展气调作业；应安排专人管理空气呼吸器和空气压缩充气泵等设施。

应在气调仓外悬挂警示牌，严禁擅自操作气调系统的阀门；人员进入气调仓检查粮情或进行膜上作业，不得少于2人，1人负责监督警戒。严禁单人、酒后或身体状况不佳者进入气调仓。其他外来人员需要进入气调仓时，必须有粮库专业人员的培训和指导，方可入仓。

进入粮堆气囊内取样化验或检查粮情时，必须佩戴空气呼吸器，确认呼吸器能够正常使用，并能正确、熟练使用空气呼吸器。空气储气罐的压力必须充至产品说明书规定的压力值，并保证有3人及以上方能进仓作业。人员身体感觉不适或听到报警声应立即出仓。

第四章　粮库防火防爆

16. 火灾预防及处置

必须严格执行国家和所在地消防安全管理制度，制定粮库（油库）消防安全制度、消防安全操作规程和粮食消防应急预案，按照国家标准、行业标准配置消防设施、器材，设置消防安全标识，组织有针对性的消防演练。

粮库（油库）必须配置专职或兼职的消防员，负责定期检测、维修消防设施、器材，确保完好有效，检测记录应当完整准确，并存档备查；负责检查并保障疏散通道、安全出口、消防车通道畅通。

粮库（油库）必须加强火灾隐患防范，严禁烟火，严禁在储粮区、油罐区、作业区及其他禁烟区吸烟。严禁堆放易燃、可燃材料，及时清理堆场内的杂草、垃圾，及时排查处置粮库周边环境火灾隐患。严禁擅自动火作业，严格执行动火作业分级审批制度。

发生火情时，现场作业人员应立即报告粮库（油库）带班负责人，并立即灭火，灭火人员应采取安全防护措施。粮食着火，用水灭火；油脂着火用泡沫灭火；磷化铝着火，应用干粉、干燥砂土或二氧化碳灭火器灭火，严禁用水、泡沫和酸式灭火剂灭火；烘干塔着火时，应立即关停风机，同时加快入潮粮和排粮速度，防止加大火情；电气着火，应先切断电源，后用二氧化碳、干粉灭火器灭火；电气焊作业时周边着火，应先切断电源，移走氧气瓶、乙炔瓶；交直流电焊机冒烟或着火时，应首先断开电源，用二氧化碳灭火；乙炔钢瓶发生火灾，应先关闭阀门，用干粉灭火器或带喷嘴的二氧化碳灭火器灭火。

发生火灾时，现场作业人员应立即报告粮库（油库）带班领导，同时拨打119电话，报告单位名称、地址、火灾情况、着火物资、联系电话等，并派人在路口接应消防车。在不危及人员安全情况下，现场作业人员应开展自救，无法自救时，应立即疏散人员。如有人员受伤，应立即拨打120电话。

17. 粉尘爆炸预防及处置

粮库必须按规范、标准使用防爆电气设备，落实防雷、防静电等措施，保证设施设备安全有效接地，严禁作业场所存在各类明火和违规使用作业工具。

必须严格执行灰尘清扫制度，避免产生二次扬尘，确保场地无积尘、扬尘；作业时，应采取降尘措施控制粉尘。

粮库应保证仓房及设备泄爆装置安全有效。严禁拆除通风除尘、防爆、卸爆、接地等安全设施；应定期检查和维护粉尘爆炸危险场所的电气设备和防爆装置，确保设备和装置完好。

进入粉尘防爆区，人员应穿防静电的工服，严禁穿戴化纤、丝绸衣物和带铁钉的鞋，防止产生火花；严禁使用铁器敲击墙壁、金属设备、管道及其他物体。

筒仓输送系统检修时，应采取措施隔断与明火作业相连的管道、孔洞；筒仓清仓作业时，必须使用防尘防爆照明灯具，清仓车辆必须装配火星熄灭器，装载机铲斗接触地面的部位必须安装防止摩擦起火的非金属材料，装载机尾端应安装防撞橡胶材料，防止产生火花。

发生粉尘爆炸时，现场负责人应立即疏散所有人员至空旷安全地点，避免二次粉尘爆炸造成人员伤亡，然后报告粮库带班领导；粉尘爆炸造成火灾，应立即拨打119电话，有人员受伤，应立即拨打120电话；造成生产安全事故时，粮库应按规定上报。

第五章 租仓储粮和外包作业

18. 租仓储粮

承租企业与出租企业应签订租赁合同和安全生产管理协议，明确双方安全生产职责，落实安全生产设施、设备、器材等。

承租企业必须安排本企业在职人员对租仓储粮及仓储设施进行管理，对租仓储粮安全生产承担相应责任；承租企业的安全生产管理制度在租仓储粮中必须得到执行。

租赁库点所处位置应符合防火、防汛、防污染等安全要求，不得位于低洼易涝、行洪区，库区及周边1000米内无易燃、易爆、毒害危险品和污染源。库区封闭，院内布设监控设施，实现监控全覆盖且功能正常。仓储设施设备和附属设施设备应符合国家安全标准。消防、用电、排水及建设手续符合国家相关要求，通过有关部门验收。

承租企业负责人对租仓储粮安全生产承担直接领导责任，承租企业派驻的专职或兼职安全员应履行安全生产的职责。承租企业应保障和落实租仓储粮必需的安全生产设施及其经费，因未能保障和落实而造成生产安全事故的，承租企业负责人及其安全生产部门负责人应承担相应责任。

承租企业安全部门负责人每两周、企业分管负责人每月、企业负责人每季度应对租仓储粮进行安全生产检查，及时发现和排查安全生产隐患，责令限期整改。对于拒不整改的，应追究租仓储粮点负责人及安全员的责任。

承租企业上级单位和主管部门对租仓储粮点应进行安全生产监督检查，发现存在安全生产问题和隐患的，应立即责成承租企业采取有效措施，确保安全生产。造成生产安全事故的，应依法依规追究承租企业有关人员的责任。

19. 外包作业

必须严格执行外包作业人员审批制度，严禁外包作业人员擅自作业；粮库（油库）应建立外包作业单位和劳务人员管理档案。

外包作业单位应具备相应的经营资质或作业许可证，应为所有参与作业人员办理工伤保险或意外伤害保险，外包作业单位负责人是外包作业人员安全管理的第一责任人。粮库（油库）与外包作业单位签订外包作业合同时，应同时签订《外包作业安全管理协议》；劳务人员应提交身体健康合格证，粮库应与劳务人员签订《外包作业人员职业健康安全告知书》。

外包作业前，粮库（油库）应组织对外包作业人员的安全交底，督促和配合外包作业单位对外包作业人员进行作业前培训，并做好培训记录和考核，外包作业人员应在安全交底或安全生产作业承诺书上签字。

粮库（油库）应对外包作业单位及其人员进行作业前检查，主要内容包括安全资质和业绩是否符合要求，安全协议是否签订，职业健康安全要求是否充分告知，特种作业人员资格是否符合要求，检查外包作业人员是否掌握安全生产要求，安全技术措施是否可行，安全资源配置是否合理等。检查合格后，允许外包作业。

粮库（油库）应定期与外包作业单位现场负责人沟通，掌握安全情况、强调安全要求并留存记录。定期检查外包作业的安全情况，发现隐患时，立即责令其整改，并形成记录，整改合格后方可继续作业。重大隐患应报当地安监部门。发生生产安全事故，外包作业单位应立即告知粮库（油库）。

外包作业验收前，应对作业现场进行清理，粮库（油库）有关部门负责人负责验收；验收中发现安全隐患的，应形成记录，并落实整改。

第六章　其他专项作业

20. 设备移动

移动前，作业部门应明确采用车辆牵引还是人工推移，落实移动路线，避开高压线、建构筑物，对移动路线上的临时用电线缆进行保护或拆除，将设备重心和高度降至最低点，检查移动轮，收好电缆线，收起支撑脚；严禁移动正在运转的机械设备。

移动中，必须设专人统一指挥，密切关注设备移动、人员状况和周围环境；严禁设备前方、下方站人；严禁把设备当梯子进行登高作业；严禁人员站立或坐在设备上，严禁以人的重量平衡机械；设备上下坡时，必须采用拖车方式，严防设备失控。

移动中，应保持方向，调头或横向移动应确保周围无电线或其他设施，避免碰刮。

设备停放时，必须放下支撑脚或固定制动装置，防止设备移动、倾倒。

21. 设备检修

必须严格执行设备检修分级审批制度，严禁擅自开展设备检修。

应严格按照设备产品说明书检修，严禁机电设备带病运行，严禁设备带电或运行中进行检修；应设置检修警示标识，严禁非作业人员进入检修现场；应确保设备传动部位安全防护装置牢固；对设备支撑部件进行维修时，应提前采取防垮塌支撑措施；筒仓输送系统检修作业时，应采取措施隔断与明火作业相连的管道、孔洞。油罐区检修，必须严格执行作业审批程序，对毛油罐动火作业时，严防燃爆；对于采取浸出工艺的油脂，还要检测罐体上部空间的溶剂含量；对于罐体老化或因其他原因结构受损的，应及时处理或弃用，确保罐体安全。

应确保电气设备接地装置、漏电保护装置、过电流保护装置完好；电气设备接头、插座等不许出现裸露和松动。

作业后，必须认真清点工器具，严禁将工器具、废弃物遗留在设备内或检修现场。

22. 临时用电

必须严格执行临时用电分级审批制度，严禁擅自开展临时用电作业。

应在现场设置安全警戒区域和标识，开关箱必须具有漏电、过载、短路保护装置，漏电保护器使用前应启动漏电试验按钮试跳一次，试跳不正常的严禁继续使用。

铺设临时用电线路，在验收合格前严禁送电；临时用电执行挂牌、上锁和摘牌、解锁；严格执行“一机一闸”，严禁“一闸多控”。

作业前，现场负责人应检查临时用电审批相关手续；应对作业人员进行安全教育和安全技术交底，告知作业中存在的风险、现场环境和作业安全要求，以及作业中可能遇到意外时的处理和救护方法。

送电操作顺序：总配电箱→分配电箱→开关箱，要求上一级过载保护电流应大于下一级；停电操作顺序：开关箱→分配电箱→总配电箱，电气故障的紧急情况除外。

配电箱、开关箱检修作业时，必须将前一级电源隔离开关断电，上锁并悬挂“有人工作、禁止合闸”标识牌，钥匙由断电的电气人员保管，严禁带电作业。

临时照明应满足所在区域安全作业照度、防爆等级、防尘、防水、防震等要求。

作业中，发现临时用电作业的安全技术设施有缺陷和隐患时，应及时报告；危及人身安全时，应停止作业，撤离现场，并按现场处置方案规定的程序及时进行处置。

作业后，应清理打扫现场，现场负责人确认无隐患后，作业人员撤离作业场所。

23. 高处作业

必须严格执行高处作业分级审批制度，严禁擅自开展高处作业。

雨、雪、大雾、雷电及风力超过5级的天气，禁止室外高处作业；严禁夜间高处作业。应安排身体条件符合要求的人员从事高处作业，必须配备现场监护人；作业人员应佩戴安全帽和安全绳作业，应穿软底防滑劳保鞋，严禁穿硬底、带钉易滑的鞋。

高处作业使用的扶梯、升降平台和临时架设的作业平台应符合安全要求，严禁把设备当扶梯进行高处作业；应在高处作业区域设置隔离警示标识，严禁人员穿行。

作业时，安全绳应系牢在系留装置或固定的设施上，严禁作业人员向下抛扔物体；作业后，应清理工器具和物品，严禁留存高处。

24. 有限空间作业

必须执行有限空间作业分级审批制度，严禁擅自开展有限空间作业。

必须做到“先通风、再检测、后作业”。应先打开人孔、料孔等进行自然通风，必要时，可采取强制通风。检测有限空间氧气和有害气体浓度，氧气浓度不应小于19.5%，磷化氢气体浓度不应高于0.2毫升/立方米。氧气浓度小于19.5%，磷化氢气体浓度高于0.2 毫升/立方米时，作业人员必须佩戴空气呼吸器。严禁向有限空间充氧气或富氧空气。

作业现场应明确作业负责人、监护人员和作业人员，不得在没有监护人的情况下作业，应设置安全警示标识。

人员必须配备个人防中毒窒息等防护装备，严禁无防护监护措施作业。缺氧或有毒有限空间作业时，应佩戴空气呼吸器。有易燃易爆物质时，应穿防静电工服，使用防爆型低压灯具及不产生火花的工具。有酸碱等腐蚀性介质时，作业人员应穿戴防酸碱工作服、工作鞋、手套等防护品。

进入有限空间前，监护人应与作业人员一起检查安全措施，记录进入人员人数、姓名和工器具，统一联系方式。作业过程中监护人员不得脱岗。

发生生产安全事故时，监护人员应立即报警，救援人员应做好自身防护，配备必要的呼吸器具、救援器材，严禁盲目施救，导致事故扩大。

25. 吊装

必须执行吊装作业分级审批制度，严禁擅自开展吊装作业。

作业前，现场负责人应对作业人员进行安全教育和安全技术交底；应在现场设置安全警戒区域和标识，明确现场负责人、指挥人员、司机、司索人员、监护人和安全监督员及其职责，指挥人员、起重司机、司索人员应具有政府有关部门颁发的吊装作业上岗证书，起重设备装拆由相应单位有资质的专业人员操作。

现场负责人应检查吊装作业许可相关内容，对作业人员的资格和身体状况进行检查，严禁身体不适或患有职业禁忌证人员作业；检查作业使用的劳动防护用品、安全标识、工器具、仪表、电气设备等。

作业中出现故障时，应立即向负责人报告，没有现场指挥的命令，除危及生命外，任何人不得擅离岗位，应听从指挥，按应急程序处置。吊装设备下严禁站人。

作业后，应清理打扫现场，现场负责人确认无隐患后，作业人员撤离作业场所。

室外吊装作业遇到雨、雪、大雾、雷电及5级以上大风天气时，应采取安全措施并立即停止吊装作业。

第七章　主要职责与处罚

26. 粮库（含油库，下同）主要负责人

建立健全明确的粮库安全生产责任制；制定完善

的粮库安全生产规章制度和操作规程；组织制定并实施粮库安全生产教育和培训计划；按标准配齐、按期限更换安全生产设施和装备，保证粮库安全生产各项资金投入；组织开展粮库安全生产检查，督促各项安全生产规章制度的落实，保证各项设施装备的完好，及时消除生产安全事故隐患；组织制定并实施粮库的生产安全事故应急救援预案，每年至少开展两次安全生产应急救援演练；按规定及时、如实报告生产安全事故。

27. 粮库管理人员

参与拟订粮库安全生产规章制度、操作规程和应急救援预案；落实粮库安全生产教育和培训、应急救援演练等工作，如实记录安全生产教育和培训情况；督促落实粮库重大危险源的安全管理措施；检查粮库安全生产状况，发现并及时排查事故隐患，提出改进安全生产管理的建议；制止和纠正违章指挥、强令冒险作业、违反操作规程的行为；督促落实粮库安全生产整改措施。

28. 粮库作业人员

严格遵守粮库各项安全生产规章制度，严格按照有关操作规程作业，自觉接受监督、服从管理，正确佩戴和使用劳动防护用品；接受安全生产教育和培训，掌握本职岗位所需的安全生产知识，不断提高安全生产技能，增强事故预防和应急处理能力；发现事故隐患或者其他不安全因素，应当立即向现场安全生产管理人员和粮库负责人报告。发现直接危及人身安全的紧急情况时，停止作业或在采取可能的应急措施后撤离作业场所；发现粮库安全生产工作中存在的问题应及时提出批评建议，对拒不接受的可直接向上级单位或当地粮食行政管理部门举报，并拒绝遵从违章指挥和执行强令冒险作业。

29. 处罚

发生生产安全事故，依据安全生产法和有关部门调查结果，粮库负责人、管理人员、作业人员将根据自身过错与过失，受到批评教育、处分、追究刑事责任等处罚。

附录二　粮食仓储企业安全生产作业指南

（国粮办应急〔2023〕120号）

一、粮食入仓作业

（一）作业准备

1. 严格执行外包作业人员审批制度，建立外包作业单位和劳务人员管理档案，与外包作业单位签订安全生产管理协议，检查劳务人员身体健康合格证，监督外包作业单位必须为参与作业人员办理工伤保险，鼓励投保安全生产责任保险。

2. 根据仓型及粮食的运输方式、品种和数量，制定接收方案。

3. 组织作业人员进行安全教育和培训交底，并做好培训记录和考核，作业人员应在安全交底或安全生产作业承诺书上签字。

4. 粮仓装粮前，检查仓顶有无漏水，仓房墙壁、地面有无裂缝，地面有无沉降，门窗有无损坏，扶梯等设施是否完好。

5. 明确作业现场负责人和监护人及其职责。

6. 粮仓第一次装粮前，按设计要求进行压仓实验。

7. 组织检查作业线上的设施设备，并在作业前组织空载运行，确保其处于正常技术状态。

8. 主动与医疗救治、应急消防相关部门联系，建立应急救援协同保障机制，确保在突发安全事件时能够高效协同救援。

（二）作业实施

1. 组织卸粮作业时，卸粮作业区设置警戒线和警示标识，禁止非作业人员、车辆进入。夜间作业时，作业人员穿着有反光警示标识的工作服。

2. 粮食入仓时，仓窗打开并开启排气扇，避免在有限空间内产生过高浓度的粉尘。

3. 加强各类设施设备的检查，一旦发现隐患或出现故障，需要停车处理的，立即停车，并暂停粮食入仓作业，待隐患和故障排除后恢复入仓作业。

4. 作业现场负责人加强检查督导，提示作业人员按要求穿戴劳动防护用品，及时制止违章作业行为；设置车辆进出通道，安排专人指挥作业车辆；加强作业暂停休息期间现场管理，防止无人监护擅自作业。

5. 粮食入仓作业过程中，禁止非作业人员进入作业区域；关闭查粮门并上锁，防止作业人员擅自进入仓内。

6. 平整粮面时，优先选用吸粮机、平仓机等设备进行作业；现场负责人对作业人员进行安全教育培训和交底，提出平整粮面作业要求，并组织开窗通风后，再入仓作业。仓内作业不少于2人，并在仓门或进人口安排专人监护。作业人员应佩戴防尘口罩，粮面高度差较大时，组织作业人员从粮堆顶部自上而下摊平粮食，严禁站在粮堆低凹处摊平粮食。

7. 注意观察粮面高度，严禁超限装粮。

（三）后续工作

1. 安排专人清点作业人员，清理作业工具。

2. 关闭闸门、进人口、通风口。

3. 作业现场负责人讲评作业情况。

二、粮食出仓作业

（一）作业准备

1. 严格执行外包作业人员审批制度，与外包作业单位签订安全生产管理协议，建立外包作业单位和劳务人员管理档案，检查劳务人员身体健康合格证，监督外包作业单位必须为参与作业人员办理工伤保险，鼓励投保安全生产责任保险。

2. 根据仓型以及粮食的运输方式、品种和数量，制定出仓方案。

3. 作业现场负责人组织作业人员观看事故案例警示教育片，进行培训交底，并做好培训记录和考核，作业人员应在安全交底或安全生产作业承诺书上签字。

4. 根据平房仓出仓作业特点，研究制定挡粮板拆除操作规程，并在作业前组织培训学习。

5. 结合粮仓特点和粮情，制定出粮口排堵操作规程，并在作业前组织培训学习。

6. 依据作业环境、作业类别、作业人员专业程度，分析作业安全风险，制定应急救援处置预案。

7. 主动与医疗救治、应急消防相关部门联系，建立应急救援协同保障机制，确保在突发安全事件时能够高效协同救援。

8. 明确作业现场负责人和监护人及其职责。

9. 打开门、窗、仓顶通风口，启动风机，保持良好通风。作业前，关闭查粮门并上锁。

（二）作业实施

1. 需要进入仓内作业时，不少于2人同时作业，监护人员选择可以通视所有作业人员，且确保自身安全的适当位置实施监护，进仓作业完毕后，监护人员确认作业人员全部出仓，方可打开出粮门继续出粮。

2. 对于粮食有结块现象的立筒仓或浅圆仓，严禁一出到底，发现明显结块或挂壁露出粮面，按照清理结拱（挂壁）作业流程处理。

3. 平房仓拆卸挡粮板时，优先采用仓外作业方式。先关闭挡粮板上出粮口闸门，待粮面稳定后，组织不少于2名作业人员将安全带有效系在系留装置上，通过移动升降机或扶梯，逐一拆除粮堆以上的挡粮板。作业人员出仓并带出全部工器具后，开启闸门继续出粮。作业过程中，如发现粮面流动，作业人员应立即停止作业，并迅速撤离至安全地点。

4. 出粮口堵塞或出粮不畅时，按照出粮口排堵操作规程，优先采用仓外作业排堵方式，作业人员开大闸门，利用长杆通过出料闸门、扦样孔、排堵孔等扰动粮堆，实施排堵。有多个出粮口时，先从未堵塞出粮口出粮，严防不对称出粮。

5. 作业现场负责人加强检查督导，提示作业人员按要求穿戴劳动防护用品，及时纠正和制止违章作业行为，及时消除安全隐患。加强作业暂停休息期间现场管理，防止无人监护擅自作业。

6. 作业过程中发生粮堆埋人、设备伤人等突发安全事件时，作业人员立即采取关闭出粮闸门、断电、停止设备运行等措施，现场负责人迅速按照预案组织救援。

（三）后续工作

1. 安排专人清点作业人员，清理作业工具。

2. 清理仓房，关闭闸门、进人口和通风口。

3. 作业现场负责人讲评作业情况。

三、清理结拱（挂壁）作业

（一）作业准备

1. 粮食出仓作业前发现结顶，出仓作业过程中发现挂壁，及时制定处置方案。

2. 清理粮食结拱（挂壁）作业，严格执行分级审批制度。

3. 严格执行外包作业人员审批制度，与外包作业单位签订安全生产管理协议，建立外包作业单位和劳务人员管理档案，检查劳务人员身体健康合格证，监督外包作业单位必须为参与作业人员办理工伤保险，鼓励投保安全生产责任保险。

4. 作业现场负责人组织作业人员观看事故案例警示教育片，进行培训交底，并做好培训记录和考核，作业人员应在安全交底或安全生产作业承诺书上签字。

5. 明确作业现场负责人和监护人及其职责。

6. 作业人员入仓前携带对讲机等通信工具，并进行试联试通。

（二）作业实施

1. 处置粮食结拱作业。

（1）立筒仓结拱时，通过向仓内入粮，也可由作业人员通过仓顶吊篮入仓利用长杆等措施进行处置，还可通过向烘前立筒仓吹热风进行处置。

（2）浅圆仓结拱时，通过向仓内入粮，或开启挡粮门等方式进行处置。

（3）严禁作业人员站立粮面或从结拱粮下方入仓进行处置。

2. 处置粮食挂壁作业。

（1）清理挂壁粮时，先关闭出粮口闸门，而后入仓作业。

（2）平房仓挂壁时，作业人员利用长杆或高空作业车处置。

（3）立筒仓挂壁时，作业人员通过仓顶吊篮入仓利用长杆等措施处置。

（4）浅圆仓挂壁位置较低时使用装载机处置，较高时通过高空作业车处置。

（5）作业人员及作业工具全部出仓后，再开启闸门继续出粮。

（6）严禁作业人员位于挂壁粮下方作业。

（三）后续工作

1. 清理仓房，移出全部设备。

2. 安排专人清点作业人员，清理作业工具。

3. 作业现场负责人讲评作业情况。

四、熏蒸作业

（一）作业准备

1. 熏蒸作业，落实分级审批制度。仓储部门制定空仓杀虫作业方案和粮食熏蒸作业方案，经粮食仓储企业负责人批准，使用熏蒸剂进行空仓熏蒸杀虫和粮食熏蒸作业的，作业方案要报所在地粮食行政管理部门备案。

2. 制定应急救援预案，作业现场配备应急救援器材，组织应急救援演练。

3. 明确作业现场负责人和监护人及其职责。

4. 作业现场负责人组织作业人员观看事故案例警示教育片，进行培训交底，并做好培训记录和考核，作业人员应在安全交底或安全生产作业承诺书上签字。

5. 空仓杀虫剂和粮食熏蒸剂应专人专管，作业前由作业现场负责人带领作业人员领取，保管人员对领取人员、时间、用途、数量做好记录，作业现场负责人签字确认。

6. 熏蒸后入仓作业，按照“先通风、再检测、后作业”的规程，先打开人孔、料孔、通风口（窗）等进行自然通风，必要时，可采取强制通风。作业人员入仓前必须检测仓房中的磷化氢和氧气浓度，磷化氢浓度小于0.2毫升/立方米且氧气浓度不小于19.5%时，方可进入。否则，作业人员和监护人员都必须佩戴正压式空气呼吸器。磷化氢浓度报警仪和氧气浓度检测仪必须定期校准。

7. 监护人员记录入仓作业人员人数、姓名和携带工器具，查看是否落实穿工作服，戴橡胶手套的要求，了解作业人员身体状况，检查佩戴呼吸设备性能。

8. 作业人员入仓前携带对讲机等通信工具，并进行试联试通。

9. 使用磷化氢空仓杀虫、粮食熏蒸作业，应在距离粮仓至少20米处设置安全警示标志和警戒线；因粮仓间距等原因设置安全警戒标志和警戒线距离粮仓未达到20米的，必须加强磷化氢浓度监测，如空气中磷化氢浓度超标，必须对周边人员进行疏散。散气作业时，粮仓20米范围内禁止非作业人员靠近。使用非磷化氢空仓杀虫期间，应在仓门设置安全警示标志，值班人员加强巡查。

（二）作业实施

1. 作业现场负责人组织不少于2人同时作业，入仓作业人员携带便携式气体检测仪，用以检测仓内不同部位有害气体浓度，监护人员站在仓门或仓口位置，确保可以观察到所有作业人员。

2. 施用空仓杀虫剂，每人每次不超过90分钟，每人每天不超过3小时；磷化氢熏蒸作业，每人每次不超过30分钟，每人每天不超过1小时。粮面施药，应由里到外依次施药。严禁使用非储粮化学药剂和超剂量使用储粮化学药剂杀虫。

3. 作业人员感觉身体不适、正压式空气呼吸器压力小于5MPa或听到报警声应立即出仓。

4. 磷化氢熏蒸前后，作业人员禁止饮酒及吃牛奶、鸡蛋和其他油脂食品。

5. 作业人员中毒或窒息时，监护人员立即报告，现场负责人组织救援人员正确佩戴正压式空气呼吸器，携带救援器材，按照预案组织救援。

6. 夜间和大风、雨天、雷电等情况下，禁止进行熏蒸和散气作业。

（三）后续工作

1. 安排专人清点作业人员，清理作业工具。

2. 组织封闭仓门，收回呼吸设备。

3. 按规定处理磷化铝药剂残渣。

4. 作业现场负责人讲评作业情况。

五、气调作业

（一）作业准备

1. 执行气调作业审批制度，严禁擅自开展气调作业，严禁非专业人员作业。

2. 制定气调作业方案和应急处置预案，作业现场配备应急救援器材，组织应急救援演练。

3. 明确作业现场负责人和监护人及其职责。

4. 作业现场负责人核实作业人员职业资格，组织作业人员观看事故案例警示教育片，进行培训交底，并做好培训记录，作业人员应在安全交底或安全生产作业承诺书上签字。外来人员需要进入气调仓时，专业人员提前做好培训和指导。

5. 专人管理空气呼吸器和空气压缩充气泵等设施，确保设施状态良好。

6. 对氧气浓度进行检测，氧气浓度不小于19.5%时方可进入。否则，作业人员和监护人员必须佩戴正压式空气呼吸器。

7. 监护人员记录入仓作业人员人数、姓名和携带工器具，了解作业人员身体状况，检查佩戴呼吸设备性能。

8. 作业人员入仓前携带对讲机等通信工具，并进行试联试通。

9. 气调仓外悬挂警示牌，提示禁止擅自操作气调系统阀门。

（二）作业实施

1. 进入气调仓检查粮情或进行膜上作业，必须3人以上，监护人员负责监督警戒。

2. 进入粮堆气囊内取样化验或检查粮情时，作业人员必须佩戴正压式空气呼吸器，并能正确、熟练使用。

3. 作业人员感觉身体不适、正压式空气呼吸器压力小于5MPa或听到报警声应立即出仓。

4. 作业人员窒息时，监护人员立即报告，现场负责人组织救援人员正确佩戴正压式空气呼吸器，携带救援器材，按照预案组织救援。

（三）后续工作

1. 安排专人清点作业人员，清理作业工具。

2. 组织封闭仓门，收回呼吸设备。

3. 作业现场负责人讲评作业情况。

六、有限空间作业

（一）作业准备

1. 有限空间作业，落实分级审批制度，严禁擅自开展有限空间作业。

2. 制定应急救援预案，作业现场配备应急救援器材，组织应急救援演练。

3. 明确作业现场负责人和监护人及其职责。

4. 作业现场负责人组织作业人员观看事故案例警示教育片，进行培训交底，并做好培训记录和考核，作业人员应在安全交底或安全生产作业承诺书上签字。

5. 进入有限空间作业前，按照“先通风、再检测、后作业”的规程，先打开人孔、料孔、通风口（窗）等进行自然通风，必要时，可采取强制通风。熏蒸、气调作业按相关要求落实。

6. 监护人员记录入仓作业人员人数、姓名和携带工器具。

7. 作业人员入仓前携带对讲机等通信工具（无爆

炸风险时），并进行试联试通。

（二）作业实施

1. 有限空间作业时，监护人员全程监护。

2. 有易燃易爆物质时，作业人员穿防静电工服，使用防爆型低压灯具及不产生火花的工具。

3. 有酸碱等腐蚀性介质时，作业人员穿戴防酸碱工作服、工作鞋、手套等防护品。

4. 需要佩戴正压式呼吸设备作业时，出现身体不适、正压式空气呼吸器压力小于5MPa或报警应立即退出作业。

5. 作业人员中毒或窒息时，监护人员立即报告，现场负责人组织救援人员正确佩戴正压式空气呼吸器，携带救援器材，按照预案组织救援。

（三）后续工作

1. 安排专人清点作业人员，清理作业工具。

2. 组织封闭仓门，收回作业设备。

3. 作业现场负责人讲评作业情况。

七、烘干作业

（一）作业准备

1. 制定粮食烘干作业方案。

2. 明确作业现场负责人和各岗位操作人员及职责。

3. 对操作人员进行安全教育和岗前培训，并做好培训记录和考核，作业人员应在安全交底或安全生产作业承诺书上签字。

4. 作业现场配备消防器材及设施，清除烘干机周围各类易燃物品。

5. 对设施设备进行静态检查，静态检查后进行空载运行，确保所有设施设备状态良好。

6. 每天查看、每月检查换热器，防止换热器破损将火种随热风管送入烘干塔内；烘干机每使用30天，其间必须清理烘干塔一次。

7. 烘干塔及露天堆场周围设置安全警示周界，提示禁止非作业人员进入作业区域。

（二）作业实施

1. 作业人员落实安全防护要求，戴安全帽。

2. 初始烘干时，保持烘干机内粮食流动，严禁长时间闷塔。

3. 燃油炉、燃气炉在不同季节使用的燃料，按说明书的规定执行，禁止使用非雾化燃油；燃烧器工作期间，禁止往油箱加油。

4. 加强监测，确保烘干机进出粮的水分监测装置、进出风温度监测及调节装置、料位控制等完整有效，烘前仓（烘后仓）上下料位完整有效。

5. 烘前仓入粮与烘干作业同步，随进随烘。禁止烘前仓进完粮后再烘干，以防烘前仓结拱；烘干作业期间，严禁人员进入烘前仓和烘后仓。

6. 突然断电时，打开紧急排粮门排粮，防止塔内糊粮或着火。

7. 做好设备的检查和维护工作，确保安全防护装置有效、传感器件工作正常、各种设备无超负荷和过载。

8. 烘干作业过程中，作业人员（含外包人员）实行倒班作业，每班不超过8小时，并严格组织交接班，禁止疲劳作业。

（三）后续工作

1. 关闭电源，熄灭火源，清扫场地。

2. 安排专人清点作业人员，清理作业工具。

3. 作业现场负责人讲评作业情况。

八、高处作业

（一）作业准备

1. 制定高处作业方案，执行高处作业分级审批制度，严禁擅自开展高处作业。

2. 明确作业现场负责人和监护人员及其职责。

3. 了解掌握作业人员身体状况和心理状态，及时调换不适合作业人员。

4. 作业现场负责人组织作业人员观看事故案例警示教育片，进行培训交底，并做好培训记录和考核，作业人员应在安全交底或安全生产作业承诺书上签字。

5. 排查隐患，对临边、洞孔安装护栏或盖板，危险区域设置警示标志。

6. 高处作业区域设置隔离警示标志，提示禁止人员、车辆穿行。

（二）作业实施

1. 作业人员佩戴安全帽和安全绳作业，安全绳有效系在系留装置或固定设施上。

2. 作业人员穿软底防滑鞋，严禁穿硬底、带钉、易滑的鞋。

3. 监护人员提示安全风险，制止违章作业行为。

4. 高处作业使用安全可靠的扶梯、升降平台或临时架设的作业平台，严禁把设备当扶梯进行高处作业。

5. 进行焊接、切割作业时，必须提前清除周边易燃易爆物品。

6. 雨、雪、大雾、雷电及风力超过5级的天气，禁止室外高处作业；严禁夜间高处作业。

7. 作业人员携带工具包并妥善保管使用各类工器具，防止高空坠落。

（三）后续工作

1. 安排专人清点作业人员，排查并消除安全隐患。

2. 清理作业工具，严禁留存高处。

3. 作业现场负责人讲评作业情况。

九、临时用电作业

（一）作业准备

1. 严格执行临时用电分级审批制度，严禁擅自作业。

2. 制定临时用电作业方案和应急处置预案。

3. 明确作业现场负责人和监护人及其职责。

4. 作业现场负责人检查特种作业操作证，对作业人员进行安全教育和安全技术交底，告知作业中存在的风险、现场环境和作业安全要求，明确触电时的处置和救护方法。

5. 作业现场设置安全警戒区域和标志，提示非作业人员禁止靠近。

6. 检查开关箱漏电、过载、短路保护装置，漏电保护器使用前应启动漏电试验按钮试跳一次，试跳不正常的严禁继续使用。排除电气设备接头、插座等出现的裸露和松动等隐患。

7. 组织对临时铺设的用电线路进行安全检查评估。

（二）作业实施

1. 临时用电执行挂牌、上锁和摘牌、解锁；严格执行“一机一闸”，严禁“一闸多控”。

2. 送电操作顺序：总配电箱→分配电箱→开关箱，要求上一级过载保护电流应大于下一级；停电操作顺序：开关箱→分配电箱→总配电箱，电气故障的紧急情况除外。

3. 配电箱、开关箱检修作业时，将前一级电源隔离开关断电上锁并悬挂“有人工作、禁止合闸”标志牌，钥匙由断电的检修人员保管，严禁带电作业。

4. 临时照明应满足所在区域安全作业照度、防爆等级、防尘、防水、防震等要求。

5. 作业过程中，发现临时用电作业的安全技术设施有缺陷或隐患时，必须停止作业，消除风险隐患后方可继续作业；危及人身安全时，立即停止作业，组织人员撤离现场，并按照处置预案及时处置。

（三）后续工作

1. 组织拆除临时铺设用电线路，恢复正常供电。

2. 安排专人清点作业人员，清理作业工具，排查并消除安全隐患。

3. 作业现场负责人讲评作业情况。

十、设备检修或移动作业

（一）作业准备

1. 严格执行设备检修作业分级审批制度，严禁擅自作业。

2. 明确作业现场负责人和监护人及其职责。

3. 作业现场负责人检查特种作业操作证，组织作业人员安全教育和培训交底，并做好培训记录和考核，作业人员应在安全交底或安全生产作业承诺书上签字。

4. 设置设备检修或移动警示标志，提示非作业人员禁止进入现场。

5. 设备检修或移动前提前断电并停止运行。

6. 维修设备支撑部件，将提前采取防垮塌支撑措施。

7. 移动设备前，作业部门组织移动环境和过程的安全风险辨识，制定相应安全措施。

（二）作业实施

1. 设备检修时，组织专业人员开展作业，监护人员有效监管。

2. 加强电闸的有效监管，防止擅自合闸。

3. 筒仓输送系统检修作业时，提前清除设备内部及管道积尘，采取措施隔断与明火作业相连的管道、孔洞。

4. 对仰角输送机进行检修时，应先将设备重心和高度降到最低，并乘坐登高作业车等工具，严禁由输送带底部向上攀爬。

5. 检修后确保电气设备接地装置、漏电保护装置、过电流保护装置完好；确保电气设备接头、插座等无裸露或松动问题。

6. 设备移动中，专人统一指挥，落实安全措施。严禁设备前方、下方站人；严禁把设备当梯子进行登高作业；严禁人员站立或坐在设备上，严禁以人的重量平衡机械。上下坡时，采用拖车牵引的方式，严防设备失控。

7. 设备停放时，放下支撑脚或固定制动装置，防止设备移动、倾倒。

（三）后续工作

1. 清理工器具，防止遗留设备内或检修现场。

2. 安排专人清点作业人员，排查并消除安全隐患。

3. 作业现场负责人讲评作业情况。

十一、机动车辆作业

（一）作业准备

1. 明确作业现场负责人和监护人及其职责。

2. 作业现场负责人检查驾驶员驾驶资格证，组织安全教育，观看事故案例警示教育片，提出安全要求。

3. 粮食仓储企业对自备车定期检验，并做好维护保养，保证车辆安全合格。

4. 库内按要求设置交通指示标识和限速标识。

5. 液压翻板周围应设置警戒线，防止非作业人员进入警戒区。

6. 作业人员对作业空间、车辆、设备、设施状况进行检查，车辆进入装、卸粮食作业区域需安装汽车排气管防火罩，不留作业隐患。

（二）作业实施

1. 库内管理人员应控制进入库区机动车数量，并查看是否符合限高、限重要求。驾驶员应听从库内管理人员指挥，严格按库内交通指示标识行驶，库内道路行驶限速10公里/小时，车辆上下地磅、生产作业区行驶、倒车限速5公里/小时，严禁超速行驶，保持安全距离。

2. 车辆行驶时，防止剐蹭仓储设施。

3. 人工扦样时，车辆应停在系留装置下方，放好车轮停位器，禁止车辆移动；扦样人员利用扶梯上下，系好安全绳、佩戴安全帽，并穿防滑鞋，防止跌落。

4. 机动车辆过磅时，直线行驶并停在秤台中心，缓刹车停稳后并制动手刹，发动机熄火。

5. 机动车辆装、卸车前，放好车轮停位器，以防车辆移动伤人。

6. 卸粮时，专人指挥，严禁卸粮坑、车辆及液压翻板上站人。严禁车辆偏载或超载；车辆移动时，防止剐蹭作业设备；自卸车应在车斗完全复位后再移动。

7. 车辆行驶时，禁止人员在车上作业；铲车作业时，禁止人员站在驾驶室外的踏板处指挥作业；禁止铲车、叉车载人。

8. 机动车辆倒车时专人指挥，指挥人员必须站在车辆的侧后方并与车辆保持安全距离，严禁站立在车辆可能行驶的轨迹上。

9. 作业区域内，严禁非作业停车和无关人员逗留，禁止近距离人车交叉作业。

（三）后续工作

1. 作业车辆听从指挥驶离作业区域。

2. 作业现场负责人讲评作业情况。

十二、吊装作业

（一）作业准备

1. 执行吊装作业分级审批制度，严禁擅自开展吊装作业。

2. 制定吊装作业方案，分析可能发生的突发情况，拟制应急处置预案。

3. 明确作业现场负责人、指挥人员、起重机驾驶员、司索人员、监护人员和安全监督员及其职责。

4. 作业现场设置安全警戒区域和标志。

5. 作业现场负责人检查特种作业操作证和作业人员身体状况，严禁无证上岗，严禁身体不适或患有职业禁忌证人员作业。

6. 作业现场负责人对作业人员进行安全教育和安全技术培训交底，并做好培训记录和考核，作业人员应在安全技术交底或安全生产作业承诺书上签字。

7. 组织作业人员对吊装机具进行安全检查确认，

确保处于正常技术状态。

8. 检查确认吊装作业区域内有无影响作业的电线、电缆和其他障碍物。

（二）作业实施

1. 指挥人员按照规定的指挥信号进行指挥，对可能出现的险情，及时采取必要的防范措施。

2. 吊装时吊物捆扎牢靠，吊钩找准重心；吊物垂直，不准斜吊或斜拉。

3. 物体吊起时，禁止人员站在吊物上，其下方禁止有人。

4. 起重机在起吊满载荷时，先将重物吊起20厘米至50厘米停止提升，检查起重机的稳定性、制动器的可靠性、重物的平衡性、绑扎的牢固性，确认安全后再继续提升。

5. 停止作业或休息时，禁止将吊物、吊篮、吊具和吊索悬在空中。

6. 室外吊装作业遇到雨、雪、大雾、雷电及5级以上大风天气时，应采取安全措施并立即停止吊装作业。

7. 监护人员和安全监督员加强安全巡查，防止非作业人员进入作业区域，及时消除安全隐患。

8. 作业中出现故障时，立即向负责人报告，听从现场指挥人员命令，除危及生命外，任何人不得擅离岗位，按应急程序处置。

（三）后续工作

1. 组织将起重机等设施设备恢复至安全静止状态。

2. 安排专人清点作业人员，排查并消除安全隐患。

3. 作业现场负责人讲评作业情况。

附录三　粮食仓储企业重大生产安全事故隐患判定标准（试行）

（国粮办应急〔2023〕155 号）

第一条　为准确判定、及时消除粮食仓储企业重大生产安全事故隐患（以下简称重大事故隐患），根据《中华人民共和国安全生产法》等法律、行政法规，制定本标准。

第二条　本标准适用于粮食仓储企业重大事故隐患的判定，法律、行政法规和国家标准、行业标准另有规定的，从其规定。其中涉及危险化学品、消防（火灾）、特种设备等方面的重大事故隐患判定另有规定的，适用其规定。

第三条　粮食仓储企业有下列情形之一的，应当判定为重大事故隐患：

（一）未对承包单位、承租单位的安全生产工作统一协调、管理，或者未定期进行安全检查的；

（二）特种作业人员未按照规定经专门的安全作业培训并取得相应资格，上岗作业的。

第四条 在房式仓、筒仓（含立筒仓、浅圆仓，下同）、简易仓囤及烘干塔粮食进出仓作业时，有下列情形之一的，应当判定为重大事故隐患：

（一）未对可能意外启动的设备和涌入的物料、高温气体、有毒有害气体等采取隔离措施的；

（二）未落实防止高处坠落、坍塌等安全措施的。

第五条 粮食熏蒸作业或熏蒸散气时，有下列情形之一的，应当判定为重大事故隐患：

（一）熏蒸作业未制定作业方案、未经粮库负责人审批，或者熏蒸负责人及操作人员未经专业培训合格的；

（二）在存在磷化氢的作业场所未配备磷化氢气体浓度检测报警仪器，或者未采用测氧仪检测氧气浓度，或者未配备检验合格的呼吸防护用品的；

（三）未设置警戒线、警示标志，或者熏蒸作业前未确认无关人员全部撤离熏蒸作业场所的。

第六条 房式仓、罩棚仓、筒仓及配套工作塔、连廊、输粮地沟等存在粉尘爆炸危险的区域，有下列情形之一的，应当判定为重大事故隐患：

（一）未制定和落实粉尘清理制度或作业现场积尘严重的；

（二）未按规定使用防爆电器设备设施的。

第七条 在存在中毒风险的有限空间作业时，包括气调仓、烘干塔、卸粮仓、地上（下）通廊及药品库等区域，有下列情形之一的，应当判定为重大事故隐患：

（一）未对有限空间进行辨识、建立安全管理台账，并且未设置明显的安全警示标志的；

（二）未落实有限空间作业审批，或者未执行“先通风、再监测、后作业”要求，或者作业现场未设置监护人员的。

第八条 本办法由国家局承担安全生产监管职能的司局负责解释，自印发之日起施行。